育儿新经

羊爸兔妈对话录

朱有松　陈赟　著

学林出版社

从来没有想过自己会写一本书，各种机缘巧合促使我写了一本。我为什么要写这本书，说起来和我的特殊经历有很大关系。

我曾经是个学霸，学习成绩一直名列前茅，大学毕业后不得已开了一家公司。按照演绎推理的思维，我带着对成功的渴望进入商界，希望自己成为某地首富；之后进入投资领域，希望自己成为沃伦·巴菲特之类的投资大家。经历了一番起伏后，我发现自己在这些领域并不如在学校里那么出类拔萃。于是我开始反思真正适合自己的方向，终于发现自己本性里与其说是一个商人，还不如说是一个学者，更加准确地说是个思考者。商人以赚钱为业，学者以写书为本。

我的学习成绩很优秀，唯独语文学得不好，高考语文分数刚好及格。大学毕业进入社会之后，我发现自己的中文听说读写能力很糟糕。就阅读方面来说，看看报纸杂志里的简单文章还可以，时评文章对我来说就有很大的困难；看看武打小说、爱情小说没有问题，中西文学名著对我来说也有很大的困难。

一个偶然的机会，我在旧书店里买到了一本冯友兰的《贞元六书》。虽然此书涉及的都是高深的主题，但是文风十分清晰，和我以前读不懂的高深文章有很大的差异。我终于发现，文章读不懂，不一定是读者的理解能力有问题，还有一种可能：作者没有表达清楚。

读了《贞元六书》之后，我一发不可收，顺藤摸瓜读了很多这类书。我花了十几年的时间，把世界各国几乎所有著名哲学家的书都读了。

阅读多了、观察多了、思考多了，心中自然萌发了写作的欲望。

此为我写作本书的第一个缘由。

还有一个缘由，则是因为我和太太育有三个孩子。"60后""70后"父母大多数只有一个孩子，有两个孩子的很少，有三个孩子的绝对稀少。之所以生了三个孩子，除了我和妻子都特别喜欢孩子之外，我们还受到了周边长辈的影响。有位从美国回来的长辈朋友提倡养三个孩子，理由是：只有一个孩子的话，这个孩子既不懂得竞争也不懂得合作；两个孩子就有了竞争意识，因为需要争夺父母的爱和关注；而三个孩子就既懂得竞争又懂得合作。我深以为然，现在的社会是一个讲竞争与合作的社会，这种意识在孩童时代就应该开始培养。

在养育第一个孩子的时候，初为父母的我们也很年轻，很少想到教育的问题。到了养育第二个、第三个孩子时，我们会主动去看一些教育类的文章和书籍。在阅读过程中，我发现很多教育学经典名著的作者都是哲学家，这让我意识到要想深入理解教育，对哲学的理解是不可或缺的。

当前，出版的关于教育哲学的现代著作相对较少，国内的此类著作更少。于是，结合自己育儿过程中的经验，以及对周边做父母的人的观察，我萌生了仿照约翰·洛克《教育漫话》的框架来写作一本书的想法。尽管我不是教育专业出身，仅仅是一名跨界探索者，但我相信这样的跨界视角能够为教育的讨论和实践带来新的思考和可能性，而哲学就是这座桥梁。

我深信这是一本非常与众不同的书，不仅因为目前对话体的写作方式很少，也因为我们在书中对教育内容所作的独特探讨。

书写完要出版，出版就要作序。思来想去，还是决定自己作序。

我并不认识国内教育界的大家，虽然也和一些社会名人有来往，但他们并非教育界人士，请他们为这本书作序，似乎也没有必要。假如可以邀请先人作序，我倒是想恳请美国哲学家、教育家约翰·杜威，或者恳请杜威的学生——民国时期的教育大师冯友兰和胡适两位。因为我看过他们的很多书，自以为是他们的信徒，是他们的传世后代弟子。但现代中国这样的人已经寥寥无几，因此这个序还是决定由自己来写。

在人工智能创造奇迹的今天，英伟达创始人兼 CEO 黄仁勋在 2024 世界政府峰会上却说："学计算机的时代过去了，生命科学才是未来。""每年我们的计算机科学、软件都胜过前一年，芯片、基础设施也胜过前一年，但生命科学上的进展寥寥。"

科技发展日新月异，当我们向外寻求对世界的了解时，要看到对人自身的理解和研究还有很多未知领域。本书谈论的是教育，教育的含义广阔多变，但有一点不变：教育首先是对人的教育。人是最复杂的，对人的理解也是最难的、最高深的。研究教育，首先要研究人。

生物学意义上的人，自然科学已经解释得非常清楚了，高矮胖瘦，原子分子，水分子碳原子，人就是一个碳基生物；生理意义上的人，医学也已经解释得相当清楚了，除了大脑的结构和运作还有很多不清楚之外，其他如心肺心血管系统，肝胆肠胃消化系统等，已经非常清楚了，几乎所有疾病都能得到很好的治疗。

唯独心理意义上的人，还没有一种完善的学科可以搞清楚。本书主要探讨的就是心理意义上的人。在感觉的人、情感的人和思想的人中，本书重点探讨人的思想，即心智。

　　本书的第一类读者是父母，准确地说，是孩子尚未进入高中阶段的父母。如果你们的孩子已经进入高中，眼下最重要的就是高考冲刺；如果你们的孩子已经进入大学，那么建议推荐给孩子阅读。

　　第二类读者是大学生。大学期间的学习时间相对比较自由，本书可以启发你们从被动学习转向主动学习。如果你们能理解本书提供的一些方法并用之指导自己的阅读，这将对你们在大学期间的心智成长大有帮助。很多成功人士都在人生中的某个时期进行过广泛而深度的阅读。

　　第三类读者是 45 岁以下的职场人士。你们还不够老，还有时间和机会改变自己；而且你们积累了丰富的人生经验，这些经验能帮助你们更好地理解本书，从而进一步帮助你们大量地阅读职场类书籍，助推你们的职场事业达到新的高度。

　　第四类读者是教师和教育的管理者、监管者。教师的工作除了传授知识，还应启发心智，激发学生主动学习。而教育监管者的职责是倡导正确的教育理念和方法。国民教育的目的除了全面提高国民的平均知识水平之外，还有筛选和培养党和国家需要的优秀人才。优秀人才绝不是靠思想知识灌输出来的，而是靠很高的天分和很强的自我学习能力，靠内在驱动力，在学问和艺术上取得很深的造诣。受到尊崇的人，可称为大师，比如亚里士多德、牛顿、爱因斯坦等。中华崛起，就需要培养更多这样的优秀人才。

最后，本书的出版，离不开家人和好友的支持和帮助。在此，我首先要感谢对话的另一位主角，也就是我的妻子、和我一同育儿的"队友"——兔妈。我和她的讨论交流带给我很多灵感和启发，多年来她在日常生活中的全方位支持，也让我有时间和精力去阅读、思考和写作。

其次，我要感谢我的同事，尤其是一些朋友。当他们看到我"不务正业"，而不是忙着做业务、做研究投资赚钱时，并没有抱怨，而是对写作的意义给予了认可和支持。当然，还要感谢我的写作助理，如果没有她将每次对话整理成文，本书的完成将慢得多，也难得多。

是为序。希望各位读者能够在阅读中有所收获。

朱有松

2024 年 7 月

序
二

　　我，兔妈，本书的第二对话者，成长于一个普通的工人家庭。

　　我的父母都是在缺乏爱的环境下长大的，但父亲对我的宠爱丝毫不受他缺乏爱的影响，他给我的爱可以说是"含在嘴里怕化了"的那种宠爱；我的母亲则是一个严肃、不苟言笑的人，对我的管教甚严厉。小时候放学我只能回家，不能跟同学玩耍。我的童年和奶奶阿婆相处的时间比和爸妈相处的时间多。即便父亲对我宠爱有加，家里当时经济条件也不错，但我还是感觉孤独，是那种缺少了同伴和兄弟姐妹间陪伴的孤独。

　　在我的同龄人中，因为计划生育的国策，生育二胎的是很少见的，别说三胎了。儿时的孤独，以及缺乏与同伴的相处，我想是我生育三个孩子的主要原因。

　　俗话说，老大当宝养，老二当人养，老三当猪养。每个女人做母亲都是没有先天经验的，只能从书本里找方法，从长辈那里讨教经验。从孩子出生到独立是一个漫长而艰辛的过程，其间也会发生不少突发事件。每个孩子都是独特的个体，新手妈妈如生搬硬套育儿书中的指导难免会出现没有用的情况。随着老二老三的出生，我也慢慢接触了一些西方教育学书籍。我先生看过的书籍也会推荐我看，我们经常就书中的理念和养育过程中碰到的问题进行讨论。

生了三个孩子，一路走来，磕磕碰碰在所难免。养育的艰辛更是不小的挑战。初中之前，主要是身体和性格方面的培养。初高中阶段更多的是学业和价值观的引导。我想没有哪个父母不为了孩子而竭尽全力的，但最好的愿望却不一定能给孩子带来最好的结果。尤其在孩子的青春期，面对繁杂的社会环境，加之孩子自身成长中发生的生理和心理变化，孩子们表现出迷茫和困惑，父母要有强大的心理素质和能力来应对孩子人生中特殊的阶段。

孩子们青春期期间，我迷茫过，也崩溃过。儿时那个乖巧懂事的孩子不见了，取而代之的是他们的反叛与冷漠。为了维持我的控制感，我一度更加严厉地管教他们，可换来的却是孩子越发的反感。经历过这些后，我明白了青春期本是孩子成长的一个重要阶段，这个阶段我们最重要的是多听少说话，管住自己，让他们平稳地度过。这个阶段过渡得不好，直接影响亲子关系。

作为一个有三个孩子的母亲，虽说他们小时候吵吵闹闹，大事小事接连不断，但他们带给我的快乐也是不少的，同时也丰富了我的生活。

我先生把我们平时关于孩子教育话题的讨论整理成文字稿，编辑出版，书名副标题为"羊爸兔妈对话录"。对话中兔妈主要是一个听者，发言很少，这是此书的一个缺点。

虽然如此，出版本书还是有意义的，它至少能够给一代又一代的父母提供一点点育儿经验。

最后，我要感谢我的先生，也要感谢我的三个孩子。养育孩子的过程也是我自身成长的过程。我感觉到，我比少女时代更成熟了，更自信了。

陈赟

2024 年 7 月

目录

羊 爸 　我们来谈谈智慧吧。

兔 妈 　谈智慧？这个话题太大了吧。我一听到这个词，就觉得空洞、抽象，难以理解。真的，有点头晕了。（笑）

羊 爸 　不要怕，我们来讨论讨论。我们讨论得好，你就不会再害怕听到这个词，还能把握这个词表示的各种观念，尤其是最本质的观念。这样，你不但能听懂别人口中的智慧一词，而且能在言谈中准确运用这个词。

兔 妈 　好吧。

羊 爸 　自我们上学始，老师先教我们的就是认字读音。汉字常用字大概 5000 多个。当我们能认字读音后，我们就要读一篇篇较短的文章了。

　　　　第一次读到"勤劳勇敢的中华民族"这个句子时，"勤劳"一词我能理解。当我看到家里母亲早起喂猪烧饭，日间要到田地里帮忙，夜间还要照顾我们兄弟姐妹的时候，我想到了勤劳一词；当我看到父亲天不亮就出工，天黑再回家，也就是日出而作日落而息、整日辛劳的时候，我也想到了勤劳。"勇敢"一词我也能理解，当我看到战争电影里的英雄的时候，我想到了勇敢。

　　　　不过，当我读到"勇敢智慧的中华民族"这一句时，

"智慧"一词我是难以理解的；当我读到"德、智、体全面发展的教育方针"这一句时，我能理解，"体"和体育运动有关，"德"和学生守则有关，"智"和学习成绩有关，成绩好就是"智"好。

兔 妈　同感，不过现在的教育方针强调"德、智、体、美、劳"，多了"美、劳"两项。

羊 爸　前面讲了"智"字，再讲讲"慧"字。

不知道什么时候接触到"慧"字的。现在想来，"独具慧眼"这个成语中的"慧"字我记得最牢了。

兔 妈　你先讲了"智"字，后讲了"慧"字，算你讲全了"智慧"。（笑）

羊 爸　让我来咬文嚼字一次吧。

汉字是象形文字，汉字从甲骨文、金文、小篆到隶书、楷书、行书，字体字形一直在演变。从工具属性来看，简体字好用；从美观角度来看，繁体字比简体字好看。

我们不但可以从《新华字典》和《现代汉语词典》中，还可以在"百度百科"上查"智""慧"两字和"智慧"一词。但我们得不到太多有用的信息，指导我们去把握"智慧"一词所指示的观念。

在我看来，汉语的词语解释有较大的问题，不利于学生掌握语言这个工具。

兔 妈　这怎么说？

羊 爸 字词的背后是观念，观念的背后是事物。要理解事物，一般是用熟悉的事物去解释陌生的事物，用近的事物去解释远的事物，用已知的事物去解释新生的事物。反过来解释的话，会让人越听越糊涂。打个比方吧，小孩一般先有爸爸妈妈的概念，后有叔叔姑姑的概念。应该用爸爸妈妈的概念和兄弟姐妹的概念去解释叔叔姑姑的概念，而不是相反。同理，如果有人用苹果智能手机去解释诺基亚功能手机，你会感觉有点奇怪。更有甚者，如果有人告诉你孔子坐着飞机、高铁周游列国，你一定会觉得很可笑。

关于汉语词语的解释存在着较大问题这个现象，我们以后再谈吧。

兔 妈 听你的。

羊 爸 关于"智"和"慧"两字，我查了"百度百科"和两本字典，理不清头绪，我也不是文字学家，我就按照自己的理解说吧。

兔 妈 你本来就是外行，我对你要求不高的。

羊 爸 有一点是肯定的，"知"字造在前，"智"字造在后。如果我来望文生义一把，可以这样解释：假使把"智"字下面的"曰"当作说，把知道的东西说出来就是"智"；把"曰"当作"日"字，每天都能多知道一些事物就是"智"。

这是本人的理解，我相信大部分人能接受。

兔 妈　我可以接受。

羊 爸　我们再来说说"慧"。"丰"就是多，两个"丰"就是更多。"心"指"心眼"，在我看来，"心眼"是中国人的说法，表示这个意思的英语单词"idea"，翻译过来就是"主意、意识思维、概念"。为了更好地理解"智慧"一词，让我简要说说意识、思维吧。

兔 妈　好的。

羊 爸　人的意识，有一个从无到有的过程。一个人出生时，是没有主观意识、思维的。意识的建立要靠人的感官功能，也就是触觉、味觉、嗅觉、听觉、视觉。人依靠这些感官建立简单的意识，再对简单意识进行加工，形成复杂的意识，这个加工厂就是人的大脑。

人的思维的建立，有一个从具体到抽象的过程，我认为抽象思维比形象思维高级。可惜的是，大多数人喜欢形象讨厌抽象。

兔 妈　有点晕了。

羊 爸　我们另外找个时间讨论思维吧。现在让我们回归正题，讲智慧。

兔 妈　好的。

羊 爸　我们已经分别讲了"智"和"慧"两字，现在来谈谈"智慧"这一整体。

当我们谈到智慧时，就会联想到智能、智力。

兔 妈　是的。

羊 爸　讲到智能、智力，我们先讲能力，讲讲"能"和"力"。

兔 妈　好的。

羊 爸　我们观察世上万物（这里我们只观察自然物，不观察人造物，随着社会的进步，人造物越来越多），从天上的日月星辰到地上的虫鱼禽兽，可以看到一个现象，所有这些东西都处于动变之中。

兔 妈　何为动变？

羊 爸　我说的动变是指生灭，质变，量的增减、位移。家里的一只狗出生了，过了 10 年这只狗死了，这是生灭。母鸡孵蛋，蛋的大小重量不变，里面的蛋白蛋黄慢慢变成了一只小鸡，这是质变。堆了一个雪人，气温上升，雪人慢慢变小了，这是量变。冬天室内外温差大，窗户玻璃上的雾水越积越多，质不变量增。小朋友立定跳远，从一个点跳到另一个点，这是位移。

兔 妈　我懂了。

羊 爸　世上万物之所以一直在动变，有两个原因：一是外物推动，二是内部具有的某种东西在发力。我们可以简单地说一个是力，一个是能。

兔 妈　这个说法不够严谨，不过我可以接受。

羊 爸　我可以下个定义：引致事物动变的东西叫"力"，未发之力称为"能"。

兔 妈　后面一句听不懂。

羊 爸　我这是借用曹雪芹的说法。《红楼梦》里秦可卿劝说贾母的大丫头鸳鸯，有"喜怒哀乐，已发谓之情，未发谓之性"类似的表述，"性"为未发之"情"。打个比方，孕妇未生产之前肚子里的叫胎儿，生出之后就不叫胎儿而叫婴儿了。能与力的关系，和胎儿与婴儿的关系类似。

兔 妈　不是你的原创啊。

羊 爸　我们说某物有"能力"就是这个意思吧。

　　　　非生物不能自动，只能靠他物推动，生物能自动。生物具有同外界交换物质的能力，也就是我们通常说的营养能力。

　　　　植物有营养能力；动物不但具有营养能力，还有情感能力；人类不但有营养能力、情感能力，还有思想能力。

兔 妈　好像是这样的。

羊 爸　让我们来考察人类的能力。

　　　　我们可以对人类的能力做个划分：体能、技能、智能。

　　　　体能是指一个人能走多远、跑多快、负多重等。

　　　　技能一般指技巧、手艺，这些需要通过长时间训练来获得。例如写字是一种技能，中国古时候文盲很多，代客写信曾经是一种职业。

智能是一种认知和推理的能力。我比较认可约翰·洛克的定义：智力是一种能区分事物之间的不同以及发现事物之间的联系的能力。

兔妈 你能展开讲讲约翰·洛克的定义吗？

羊爸 下次找机会解释吧。

人类的这三种能力，体能来自营养和锻炼，技能来自训练，智能来自师者启发和自我思考。人类社会之所以走向文明，在于人这个物种善于借力。

体能方面，人类通过驯化牛马向其借力，造水磨坊借水力，造风车借风力。现代社会，核电厂向核裂变借力。人类正在尝试制造小太阳向核聚变借力。

技能方面，人类造车造机器，替代让人感到乏味的重复性工作。从英国的珍妮纺织机到今天美国特斯拉汽车公司拥有自动化程度最高的工厂，可以看出这种替代和借力。

智能方面，自从莱布尼茨发现"0"和"1"能表示万事万物，他宣称自己发现了上帝创造世界的密码。在他之后，经过布莱士·帕斯卡和冯·诺依曼等科学家的努力，人类进入了一个数字时代。从电子管到晶体管再到大规模集成电路，人类用上了电脑、电视机、智能手机。从局域网到互联网再到移动互联网，现在有人说人类社会将马上进入人工智能时代。机器智能取代了部分人脑智能，这是人类借力的最高体现。

兔 妈　有点晕了。

羊 爸　不好意思，我以后尽量不作这种长篇大论了。

兔 妈　你还是讲讲智慧吧。

羊 爸　我已经讲了智能和智力了，我想我已经讲得很清楚了。

兔 妈　比较清楚。

羊 爸　我们谈智慧，还会联想到谋略。

兔 妈　两者有何异同呢?

羊 爸　有个成语叫足智多谋，可见智和谋都是人具有的好东西。

　　　　无"智"一定不能"谋"，有"智"不一定善"谋"。我的理解是，智慧用于创造，谋略用于博弈。有哲人说，和平时期重智慧，战乱时期重谋略。

兔 妈　有点道理。

羊 爸　说到智慧，还会想到聪明。日常用语中，一般人多用"聪明"一词，很少人用到"智慧"这个词。

兔 妈　这两者有何不同呢?

羊 爸　我们说聪明，一般指耳聪目明。耳朵能听得远、听得清、听得懂，叫耳聪；眼睛能看得远、看得清、看得懂，叫目明。

兔 妈　这样讲通俗易懂。

羊 爸　一个人聪明不见得有智慧。聪明的人具备阅历、见识，才可能变得有智慧。成功的人需要读万卷书、行万里路，就是这个道理。当然一个聪明的人也可能变得奸猾。

一个人年纪大了，他的生理机能衰退，不可能耳聪目明了。所以我们一般只说年轻人聪明，不太说年轻人智慧；而常说某个老年人有智慧，不太说他很聪明。

兔 妈 有道理。

羊 爸 在我说完和智慧相近的词，即聪明、智能、智力、谋略之后，让我再说说智慧的反面吧。

兔 妈 好的。

羊 爸 智慧的反面是什么呢？汉字里有几个字：愚、蠢、傻。骂人的词有：愚蠢、傻瓜、笨蛋。

"愚"字里"禺"字，指古代的一种猴子。如果某个人的脑子和猴脑差不多，当然这个人就是愚的喽。

"蠢"字，拆开来，就是春天里的两条虫。虫者，低等动物也。

"傻"字，我们有时说某人傻，而不说愚，所以愚和傻是不一样的；我们有时也说自己好傻、好天真。一个人分不清益和害，看不清利益关系，算不清楚利益，就是傻。股市里的聪明投资者经常说散户的钱是傻钱，就是这个意思吧。总的来说，"智"和"愚"相反，"蠢"和"能"相反，"傻"和"精"相反。

兔 妈	从反面来理解词语的意思，这种方法很好。
羊 爸	我还有几种很好的方法，以后再传授给你。
兔 妈	好的，我期待着。
羊 爸	和你说了大半天，该概括总结一下了。
	我先是把智慧拆开来咬文嚼字了一番，然后讲了近义词聪明、智能、智力、谋略，最后讲了相反的字词——愚、蠢、傻，愚蠢。这样我们就越来越接近智慧的本义了。
兔 妈	是的。
羊 爸	最能解释智慧本义的还是约翰·洛克关于智力的定义。除此之外，我们还可以从其他方面理解智慧。
兔 妈	你说说看。
羊 爸	智慧是一种生物现象，生物特别是动物在进化过程中，从无心（心脏）动物进化成有心动物，从无头脑动物进化成有头脑动物。这种进化，是一种从低级到高级的进化，有别于被动适应环境的进化。
兔 妈	哦。
羊 爸	在哺乳动物中，脑容量的增大代表智慧的提升。考古发现，在人类进化过程中，从猩猿到直立人到智人再到现代人，人的脑容量一直在增大。
兔 妈	我好像听过这个说法。
羊 爸	我们还可以从另一种角度理解智慧。

兔妈　请说。

羊爸　人类有三类活动：本能活动、实践活动和理论活动。
　　　本能活动保全自身；实践活动是人区别于动物的有目
　　　的的主动活动；理论活动是文明区别于野蛮的主要
　　　活动。

兔妈　又头晕了。

羊爸　实践活动处理动变事物，某人在这方面做得好，就被
　　　称赞明智。理论活动处理抽象事物（指观念，观念一
　　　旦形成，不会随着时间地点而变化），某人在这方面做
　　　得好，就被称赞有智慧。

兔妈　你讲得虽然有点抽象，但还是可以理解的。

羊爸　我们还可以从第三种角度理解智慧。
　　　如果把人分为身体和精神两部分，精神又分为情感和
　　　思想两部分，智慧应该属于思想这部分。
　　　简明扼要地说，智慧是人的精神中极为珍贵的部分。

兔妈　同意。

羊爸　好了，我想我已经把智慧的本义讲清楚了。接下来我
　　　得讲讲一般人对智慧的理解偏差了。
　　　在日常话语里，我们经常会听到智慧一词。
　　　统治者对智慧的理解正确与否，对国家和民族的命运
　　　影响很大。我认为政治家应该具有哲学的素养，因为
　　　哲学一词原意就是"爱智慧"的意思。柏拉图在《理

想国》中提出应该由哲学王统治国家。看过美国历史上几个最伟大总统的自传的朋友会注意到，他们的哲学素养是很高的。

逻辑学诞生于古希腊，后传于古罗马、中世纪各国，再传至文艺复兴时期欧洲各国，最后传到现代的以英国、美国为代表的西方国家。

我们中国呢，从容闳、严复等最早留学欧美开始，一批又一批的人赴欧美学习，或是自费，或是公派。蔡元培、胡适也分别留学德国和美国。在这些人的努力下，西方的逻辑学著作才翻译传播过来。也就是说，我们中国人真正接触西方的严谨逻辑学，是近 200 年来才有的事。

而在古印度，很早就有了逻辑学——佛教的因明学。

兔 妈 也许是吧。

羊 爸 佛教用语里经常看到智和慧两个字，也就可以理解玄奘取经回来翻译时，在汉字里找到了和逻辑学意思最近的这两个字吧。还有，在佛教漫长的历史中，很多大和尚的法名都取智能、智空、慧能之类的。

兔 妈 是的。

羊 爸 接下来让我们看看商业话语里智慧一词的应用情况。

如今中国经济兴盛、商业繁荣、交易频繁，商家的营销手段无所不用其极。有一个炒股软件叫"大智慧"，听起来让人感觉这个软件非常好，是赚钱利器，你靠它买股票就一定能赚钱。这个名字对想炒股发财的股民来说非常有吸引力。

还有一个早教机构叫"至慧学堂"，"至慧"和"智慧"同音，只是把"智"换成了"至"。我想这个名字对家长的迷惑也是很大的。

兔 妈 我听到过，但不了解。

羊 爸 名字取得越高大上，就越值得怀疑。

兔 妈 我发现你很有怀疑精神。

羊 爸 是啊。刚刚我讲了一般人对智慧本义理解的偏差，以及社会中对智慧一词滥用的现象，接下来讲讲正确理解智慧本义的意义吧。

先来讲智慧对教育的指导意义。我注意到，在世界各国教育历史上，大多数教育家是哲学家、伦理学家和心理学家。中国春秋战国时期有孔子、孟子，宋朝有朱熹，民国时期有蔡元培、胡适。在西方，古希腊时期有苏格拉底、柏拉图和亚里士多德，古罗马时期有西塞罗，近代英国有约翰·洛克、罗素，美国有约翰·杜威。

兔 妈 这些名字经常出现在教育类文章中。

羊 爸 我想指出，教育和智慧是密切相关的。对一个家庭来讲，子女的教育是很重要的。

兔妈　是啊，特别是中国进入小康社会，父母越来越重视子女的教育了。

羊爸　父母之所以这么重视教育，原因在于都想给子女一个幸福美好的人生。

兔妈　是的。

羊爸　在现代社会，一个不受教育或者没有受到良好教育的孩子，想拥有幸福的人生将无从谈起。

兔妈　同意。

羊爸　问题是，什么是教育，什么是好的教育，什么是不好的教育，人们的回答各有不同，甚至有些意见分歧很大。有的父母在教育子女这件事上是随波逐流的。

兔妈　是啊，如果父母有能力理解教育的本质，能分辨好的教育和不好的教育，该有多好。

羊爸　教育首先是人的教育，是培养什么样的人的问题。

我发现，在中国，大多数人具有的人的观念是简单的。仅从物质层面讲，人是世界上最复杂的事物，比百万个零件装成的波音飞机还要复杂。可以说，能够了解人的人，比了解飞机的人厉害多了。而且，我们看人，还应该注意到人的感情，更应该注意到人的思想。

兔妈　有句话说，"画虎画皮难画骨，知人知面不知心"。

羊爸　这个"心"是感情思想的意思。

搞清楚人的生理构造，器官和机能，是医生的事；理解人的情感，是心理学家的事；考察人的思想，是哲学家的事。

兔 妈　你的老毛病又犯了。

羊 爸　不好意思，我试图讲得具体明白点吧。

我认为，一个人的成长，从身体的生长到情感能力的培养，再到思想能力的提升，是一个从低到高的机能的发展过程，思想能力的最好体现就是智慧。所以我认为，教育的目的就是提升人的智慧度。

兔 妈　请详细讲讲。

羊 爸　在我看来，一个人的智慧度与身高都有一个极限。人体的身高极限由先天（DNA）和后天（营养锻炼）决定。假定孩子的潜在身高极限是一米八，如果在养育过程中缺乏营养和运动，结果只长到一米七，那父母是应该自责的。

同理，如果孩子的潜在智慧度是100，父母教育无方，盲目随流，甚至犯大错，结果只达到70，这样的父母更应自责。因为智慧比身高对人生幸福的影响更大。

兔 妈　这个类比倒是第一次听说。

羊 爸　接下来我来谈谈我推崇的教育理念和我认为当今教育的最大问题。

兔 妈　好。

羊 爸　在所有哲学教育家中，约翰·洛克把教育讲得最清楚了。他在《教育漫话》中把教育分成三部分：身体的养育、道德的教育和知识技能的教育。他的一句名言经常被引用——健全的心智寓于健全的身体之中。他把知识技能部分放在最后讲，是因为在他看来，身体和道德比知识技能重要。

在我看来，约翰·洛克的看法很有道理，这是一种稳当的教育法。人生的不幸大多出在身体和道德上，知识和技能不是很要紧。按照中国传统说法，德为先，才为后。我们观察历史上的人物，确实是德好能长久，才好不一定长久。《三国演义》中赵云能善终，因其德才兼备；张飞虽勇猛，武艺高强，却经常醉酒打人，最后被手下杀害，周瑜才华横溢却嫉妒心强被气死，因这两人德有所缺。

不过在我看来，德有两种：一种是世俗道德，另一种是基于信念的道德。前一种是父母所教，或模仿他人而来；后一种乃是经过一番自我提问思考，探究道德行为背后的成因，从而建立了道德的信念基础。后一种道德是最牢靠的。

兔 妈 好像是这样。

羊 爸 举个例子，人人都知道做人要有礼貌，却很少有人知道为什么要懂礼貌。建立道德的信念基础，是需要知识的，是需要思考能力的。

兔 妈	是的。
羊 爸	关于知识、思考的问题，就是智慧的问题了。
	我们前面讲过人的能力可以分为三种：体能、技能、智能。哪种能力最重要？不可替代的能力最重要！
	你看人类先是借用牛马之力，后是借用蒸汽机、内燃机之力，现在是借用水资源、化石燃料、核能等发电产生的电力来替代体能。
	你再看看人类发明工具、机器、自动化机械来替代技能。现在只有电脑能替代人脑的部分智能。所以我说，教育的重点应该放在智能上。
兔 妈	有道理。
羊 爸	这里再说几句知识和智慧的关系，知识是指导人类实践的工具，智慧是求取知识的工具。知识有两种来源：一种是教师教授，另一种是自学而来。人生要有大作为，必须具有自学知识的能力——智慧。
兔 妈	听起来有点累啊。
羊 爸	那我国教育的重点有没有放在培养学生的智慧上呢？
兔 妈	好像不那么重视。
羊 爸	让我们看看问题出在哪里？
兔 妈	好的。
羊 爸	我们听到很多对教育的意见：应试教育不好，要素质教育；题海战术让学生身心疲惫，只是为了成绩；辅

导机构通过刷题帮学生提高成绩，而成绩反映不了学生的真实水平；等等。总之学生为成绩所累，家长为孩子所累，教师为成绩考核所累。

兔 妈 我听到不少。

羊 爸 应试教育和素质教育对立，好像应试教育一无是处。其实，无论应试教育还是素质教育，都是考试教育。学生学得如何，总要通过考试来评估。考试教育的对立面是无试教育，那是肯定不行的。

兔 妈 同意。

羊 爸 但是我认为，考试作为一种评估手段，不能太多，也不能太少。既要有笔试，又要有面试。毕竟人是最复杂的动物，对人的客观评估，既要定量评估，又要定性评定。还有我们不能只关心成绩，不注意试卷的内容。不同的考题，学生考出的成绩是不同的。试卷内容的设计是一门大学问，世界上那些标准化学术考试组织在这方面做得是一流的。

兔 妈 家长一般只关心孩子的成绩，而不太注意试卷的内容。

羊 爸 有些好奇心强的家长曾经注意到考卷的内容，发现了不少出题不合理甚至搞笑的现象。

兔 妈 我看到过一些报道。

羊 爸 我想应试教育之所以被诟病，是因为试卷考试这种方式被教育机构用得过度了。以应试为中心的教育模式让学生牺牲了其他很多东西。但我们冷静下来想想，成绩不是学生时代的一切。

兔 妈　是的。

羊 爸　我们再来谈谈素质教育。我听到的一般人对素质的理解就是全面的意思。教育行政机构强调素质教育，学校的应对就是增加科目种类，在语数英之处增加音乐、美术、戏剧之类的副科。其实这个理解是肤浅的，有机会再谈吧。

兔 妈　好的。

羊 爸　我想通过对考试的分析，指出中国教育的问题出在哪里。

高分如何取得？为什么考前要题海训练？为什么刷题能提分？

要想考得高分，要点在于容易的题目要做得快，难的题目最好是曾经做过的。容易的题目最好是做过很多遍的，一看到题目不需要思考就能条件反射地在头脑里冒出答案的；难的题目最好是曾经做过的，回忆起几个要点再进行适度思考就能做的。

兔 妈　说得有道理。

羊 爸　所以学生的考试优势在于：容易的训练过很多次，难的要碰到过。问题是，可能的考题数量实在太多，犹如题海，怎么办？最好是缩小考前复习范围。我想这就是辅导机构和名师辅导之所以这么兴盛的原因。

兔　妈　有些辅导机构的广告中，"提分"两个字打得特别醒目。

羊　爸　这种考试模式对学生是不公平的，对学生的客观评估有大的缺陷。

考题做到过的能得分，没做到过的得不到分，这分数能反映学生的水平吗？做得快的能得高分，做得慢的得低分，速度真的有那么重要吗？

兔　妈　这个你不用讲太多。

羊　爸　我们再看看考题难在哪里。难有两种：一种难在偏、怪；一种难在复杂。

偏题、怪题这种难我觉得没有意义，出这种考题的人有点有意为难学生的意味，不过这是传统使然。我们自古以来就有点刁难文化。鲁迅先生在《父亲的病》中写到，有个郎中开出一个药方，药引子必须是原配蟋蟀一对，这不是成心刁难是什么！

考题难在复杂是合理的。以应用计算题为例，如果已知数较多，彼此之间关系就多，求导未知数的过程就需要很多步，这种难就是有意义的。《红楼梦》之所以比其他三部名著难懂，一个重要的原因就是人物众多。三四百个人物，要想厘清这些人物之间错综复杂的关系已属不易，更何况还要理解关乎这些人的事情发生的前因后果，就更难了。但是，解决这种困难是有意义的。

兔 妈 有道理，不过你讲了这么多的教育，跟我们今天谈的智慧有多大的关系呢？你不会离题太远了吧。

羊 爸 没有，请听我慢慢道来。

我前面讲了以应试为中心的教育模式存在的问题，指出了现今这种考试的问题所在，再之前我也讲了人类的三种能力。我想指出的是，现今教育的本质是技能教育。

技能教育的特征是准确、重复、快速高效；智能教育的本质是分辨、发现、连接和推理。你可以思考一下，现今的考试是不是注重学生的技能培养？

兔 妈 是的。

羊 爸 让我们继续以智慧为题，讲讲国家兴盛和智慧的关系。

兔 妈 这个题目有点大了，不过我还是愿意听听。

羊 爸 打天下靠谋略，治天下靠智慧。秦始皇采用合纵连横的策略灭六国，成大统。得天下后焚书坑儒，他的儿子腰斩李斯，结果秦国传二世而亡。满人马背上得天下，王朝建立后重用读书人，后有康乾盛世，清朝历经260多年。同样马背上得天下的蒙古人，元朝只历经90多年就灭亡，我认为这和蒙汉没能融合，蒙古人没能理解伟大的儒家文化，不重用读书人有关。

我们再看看外国，俄国沙皇彼得大帝乔装打扮成工匠到瑞典学习知识和工艺，可见他对智慧、知识和技术的重视程度。普及国民的知识教育，提高工匠的技术能力，种种政策终于使落后的俄国紧紧赶上了西欧发达国家，彼得大帝终于成为俄国历史上最伟大的皇帝。

我们再看看英国，《大宪章》的签署反映了英国人民的高超政治智慧。从那以后，英国打破了王朝更替、百姓遭殃的历史周期率，至今为止国内没有发生过战争。英国创造了科学文明、工业文明，并向全世界传播，打造了日不落帝国。英国造就了多少科学家、工程师啊！牛顿！瓦特！

我们最后再看看当今的美国。《独立宣言》和《美利坚合众国宪法》闪烁着美国先贤的政治智慧，正是在这种智慧的影响下，美国自建国以来只发生过一次内战——南北战争。

兔 妈 看来真的要以百年跨度解读各国人民的幸福史了。

羊 爸 最后我来讲讲智慧和民族的关系吧。

兔 妈 请讲吧。

羊 爸 人类进化有百万年的历史，但真正进入文明时代却只有 5000 年左右。文明的标志是金属工具的创造使用和语言文字的发展。

地球上有三大人种：黄种人、白种人和黑种人。不同的人种各自形成了许多大小不一的民族。我不知道世界上有多少个民族，只知道现在中国有五十六个民族。

各民族的形成有一个漫长的历史，在很长的时间里他们形成各自的习俗——饮食、服饰、宗教、婚丧，发展了各自的语言。

问题是，各民族的文明是不是同步发展的呢？显然不是，从狩猎到畜牧、农耕，再从工业文明到今天的信息文明，地球上的各民族不是同时进入各种文明状态的，文明的传播加速了。

兔 妈 请继续。

羊 爸 语言文字表意万事万物，既指示自然物，也指示人造物。先有物，后命名。

兔 妈 我记得你提起过一本书，严复翻译的《名学》。

羊 爸 是的。

兔 妈 中华民族创造了伟大的文明，达到了相当高的智慧成就。

羊 爸 所以我们要有民族自豪感。当中西方文明碰撞后，我们要吸收西方文明的长处，提升中华民族的智慧。人类还在进化之中，中华民族要在文明竞赛中不甘落后。

兔 妈 我们要奋发图强，既以祖先为傲，又不愧对子孙。

羊 爸 　我们从咬文嚼字"智慧"开始，通过词义辨析，指出了智慧的本义。我们也谈了正确理解智慧本义对家庭、国家乃至民族的重大意义。

兔 妈 　是的，智慧太重要了。

羊 爸 　我讲了何为智慧、智慧的重要意义，但如何提升一个人的智慧、一国国民的智慧，这更重要。

兔 妈 　是的。

漫谈身体

羊 爸 前面我们谈了智慧话题，现在我们来谈谈教育吧。

兔 妈 好的，教育的问题我们经常讨论的。

羊 爸 我们先来考察"教育"两个字，还有它蕴含的本质意义。"教"字原意是一个大人手拿一根棍子逼着小孩子学算术，"育"字原意是女子产子。教育一词出自"择天下英才而教育之"。

兔 妈 和西学有关吗？

羊 爸 是的，中国现代文明最大的特征就是古老文明受到了西方文明的强大冲击。教育一词对应的英语是"education"，源于古希腊柏拉图创建的雅典学园。

兔 妈 又和希腊有关，看来古希腊是现代西方文明的源头。

羊 爸 是的，我们经常提到的西方文艺复兴，就是复兴古希腊的文艺。20世纪初，中国一些学者一度对希腊文明特别感兴趣，据说那个时期的学者言必称希腊。

言归正传，教育原指大人对小孩的一种强制性活动，目的是使小孩获得某种能力。

兔 妈 请详细讲讲。

羊 爸 教育是人类社会特有的一种现象，是人类世代繁衍的一种特别活动。

我们先来考察植物界。植物繁殖后代完全是被动的，种子随风飘，或者借助动物传播种子，一有合适的土壤就落地生长。

我们再来考察动物界。雌蛙产卵、雄蛙产精，受精卵发育成蝌蚪，青蛙对这些后代基本上任其自由成长。我们再看看鸡鸭，母鸡孵化出小鸡后，保护小鸡和带着觅食也只有有限的一段时间，一旦小鸡能自行觅食，母鸡就不闻不问了。我们再看看老虎，母虎产子后不但要哺乳幼虎，保护幼虎免受伤害，还要通过和幼虎玩耍教它捕食技能，最后还要带着幼虎捕食几次猎物，待幼虎有了基本的捕猎能力后，母子才分离。

我们最后看看人类。妇女"十月怀胎"产子后，在孩子3岁之前先是哺乳喂食，再是教他吃饭穿衣，教他说话；到了上学年龄后，一般会让孩子接受学前教育、九年义务教育、高中教育、大学教育。孩子参加工作，能挣钱养活自己之后，父母的责任才算基本完成。

兔妈 听你这么一说，能感受到人类养育后代的方式和其他动物大有不同了。

羊爸 人类也是动物，只不过是高级动物。人类之所以成为地球的霸主，绝不是偶然的。教育在人类世代延续中所起的作用，可能是最重要的。这个道理适用于世界上各个民族，试看地球上那么多民族，一个民族繁荣昌盛，他们的教育活动没有不盛行的。这个道理同样适用于国家。

兔 妈 我同意。

羊 爸 教育既然这么重要，我们来探讨教育的本质，尤其是现代教育的本质吧。

兔 妈 好的。

羊 爸 人类繁衍后代先是生育，后是养育，再是行为训育，最后是知识和技能教育。

生育是动物本能，也是人类本能，个体性成熟后都有性冲动下的性行为。新个体没有自我营养能力，无法独存，需要父母养育；没有自我保护能力，无法抵御外部的侵害，也无法避免意外的伤害，需要父母保育。

人类是群居动物，个体生活在社会中。个人除了吃穿住行等个体行为外，还有和他人相处的社会行为。社会行为对他人产生影响，行为的好坏成就了道德。所以个体进入社会之前必须接受道德行为的训练。

人是经济动物。人要养活自己，必须参与到物质生产系统中去，用自己的技能换取生活必需品。自人类从狩猎经济进入农耕经济、工业经济，再到现在的信息经济，个体参与经济时所需要的知识和技能越来越多。所以个体必须接受知识技能的教育。一般而言，个体具有的知识和技能越多，收入就越高，生活也越好。

兔 妈 同意。你就前面讲的内容做个总结吧。

羊 爸	教育是一种对孩子来说多少带些强制性的活动；教育是人类区别于其他物种特有的一种活动；教育是人类培养后代成人成德成才的活动。
兔 妈	什么是成人成德成才啊？
羊 爸	成人是指身体上的成熟；成德是指道德上的成熟；成才是指具备胜任某事的能力。
兔 妈	大致懂了。
羊 爸	接下来我还是借用教育思想家的理论谈谈教育吧。
兔 妈	这样好，你说的话远没有教育思想家的权威。
羊 爸	我最推崇约翰·洛克，他的两本书让我印象深刻，一本是《教育漫话》，一本是《人类理解论》。
兔 妈	《教育漫话》我也看过，通俗易懂；《人类理解论》我瞄了一眼，太难了。
羊 爸	我们来谈谈关于身体的教育吧。 世上万物有两类：生物和非生物。生物有营养能力，非生物则没有。所谓营养能力是指和外界交换物质的能力，交换物质的目的有二：一是为生物的活动提供能量，二是为生物提供生长或修复的物质。 我们前面讲过，植物有营养能力，动物有营养能力和情感能力，人类不但有营养能力和情感能力，还有思想能力。
兔 妈	嗯，你说过的。

羊 爸	一个人从受精卵开始慢慢发育成熟为胎儿，瓜熟蒂落，从母体产出。胎儿所需的营养由母体通过脐带提供。从一个微小的受精卵发育成一个 6 斤左右的胎儿，胎儿所需的物质都由母体提供。
	胎儿自母体产出成为婴儿，母亲通过母乳或牛奶为其提供营养物质。待婴儿的消化系统慢慢成熟之后，婴儿就可以吃一般的易消化的食物了。
兔 妈	大致是这样的。
羊 爸	人之所以要吃饭，就是因为人的活动需要能量；人的生长发育和器官的修复，需要物质。我们现在知道，能量主要由碳水化合物提供，生长所需的物质主要由蛋白质（蛋类和肉类）提供。
兔 妈	是这样。你讲了人的身体营养能力，这和教育有何关系呢?
羊 爸	当然有关。培养人，首先是对人的身体的培养，身体是人生一切的基础。身体有好有坏，教育的目标之一是让人具有一个好的身体，具体地说就是人要有一个健全、健康、健壮、健美的身体。
兔 妈	请展开讲讲。
羊 爸	我们分别讲健全、健康、健壮、健美。不过讲之前，我还是先给天下父母提个醒，教育和投资一样，最重要的是不能犯大错，尤其是孩子身体上的大错不能犯。

许多人一生的不幸源于父母教育上的大错误。

兔 妈 你曾说过，人生的不幸大多出自身体和道德的，很少出自知识和技能的。

羊 爸 是的。关于身体方面的教育，我们先讲健全吧。

我们都知道，身体发自一个卵细胞和一个精子的结合，也就是发自一个受精卵细胞。这个细胞开始分裂，细胞数目以 2^n 次的速度增加……不知道分裂了多少次，到了成人时，身体由数十万亿个细胞组成。从一个细胞分裂分化成数十万亿个细胞，中间不可能没有一点差错。所以，婴儿不可能没有缺陷，只是缺陷或大或小，或显或隐而已。大而明显的缺陷，看得见的有兔唇，看不见的有心脏发育不全等。如果你留心身边的生育之事，或可问妇产科医生就知道这些大缺陷的存在。如果缺陷非常小，不明显且不影响机能，这种缺陷一般不为人注意。

在现代医疗系统出现之前，出生带有大缺陷的婴儿是非常多的，婴儿成人率非常低。在欧洲，现代医院出现之前，每个成年妇女一生平均生育二十个孩子，养育成人的只有三四个。在中国没有这样的统计数据，但我问过一些老人，情况差不多。我爸 1935 年出生，我奶奶总共生了十几个孩子，养育成人的只有三个。婴儿成人率低的主因固然是营养不足和医术水平的低下。那个年代没有疫苗接种，抗生素也没有发现。同时物资匮乏，婴儿没有足够的营养。但不能否认，婴儿的先天缺陷也是不易养活的一个原因。

孩子先天有大缺陷既是父母的一大痛苦，也是这个孩子后续人生不幸的根源。所以天下将要做爸爸妈妈的要注意了，优生是最重要的。现在有很多医疗手段可以在生产之前诊断胎儿是否有大缺陷，如 B 超、羊水检测等。如果胎儿存在大缺陷，要果断终止妊娠。生出之前可以选择，生出之后就没有选择，只能忍受痛苦了。

兔 妈 你说的先天有大缺陷的孩子我见过。10 年前我去保育院做过义工，里面都是些有缺陷的被遗弃的没人肯领养的孩子。看了这些孩子后，我难过了几个星期。

羊 爸 除了避免生育有大缺陷的孩子外，妇女生产时也需要避免一些意外伤害造成的缺陷。

在现代妇幼保健院建立之前，孕妇都是在家里由接生婆接生的，生产风险很大，所以老人有生孩子如"过鬼门关"一说。我们在电影里也常看到这种场景：即使是富贵人家，最后也面临保大人还是保小孩的痛苦选择。

在剖宫产手术出现之前，医生面对孕妇难产的情况时，不得不用产钳将胎儿取出，很容易对胎儿头部造成伤害。脑损伤将导致痴呆或手足残废。还好，现在医生遇到难产的情况，不用产钳手术，都用剖宫产手术了。

兔 妈 你说了先天发育的缺陷和生产时意外伤害造成的缺陷，那出生之后的孩子如何保持健全、避免缺陷呢？

羊 爸 除了意外伤害这种情况，疾病、药物和饮食不当也是造成缺陷的原因。

孩子越小，越需要看护，做父母的决不能疏忽大意。孩子越弱小，周围的危险就越多，譬如碰伤、砸伤、跌伤、溺水、触电等，还有小孩误食危险的东西，吃容易塞住气管的东西等。

如果我们留心身边的事件，会发现这种危险不少。特别是在农村，大人照护孩子比较粗心，非常容易发生重大事故。20 世纪 90 年代，有一次我去农村乘巴士，看到一个爸爸抱着孩子上车，孩子浑身是血，说是从二楼摔下，手腕和手臂只连着一层皮。那个爸爸央求司机直接去医院，司机要钱而孩子爸爸没有带钱，我出于同情拿出 100 元给司机，让他尽快送父子俩去医院。

兔 妈 是啊，养育孩子的过程是一个充满风险的过程，做父母的决不能犯大错，一疏忽成一生悔啊！

羊 爸 还有疾病也会造成缺陷。疫苗接种绝对是对人类贡献最大的发明之一。欧洲的黑死病导致人口减少了三分之一。在现代社会如果没有给孩子接种各种各样的疫苗，后果也是不堪设想的。

我读小学时有个残疾同学，经常被同学取笑。好奇心很强的我长大后打听他残疾的原因，原来是小儿麻痹症引起的。我还有一个发小，他有个妹妹长得挺好看的，5岁时突然发高烧，父母起初没有太重视，熬到最后才送到10公里外的县医院治疗。我16岁离家读书，回村很少，每次见到她总感觉她反应迟钝，原来是急性脑膜炎引起的。

兔妈 唉，父母要为孩子的缺陷痛苦一辈子的。

羊爸 我们20世纪六七十年代出生的这代人，这种不幸是不少的。如今医学技术进步了，医疗条件改善了，这种情况是罕见的。但也有新的不幸，下面我要讲到。

兔妈 是吗？

羊爸 我青少年时注意到有的人一笑露出一口黄牙，我觉得好奇怪。后来我听人说起，那是四环素药吃多了引起的。

错误用药的危害性相当大，所以用药需谨慎。美国食品药品监督管理局（FDA）对药品的审核是非常严格的，中国现在的药物管理也严格起来了。越来越多的药物凭医生处方才能买到。

兔妈 没错。

羊 爸	由药物引起的缺陷也不是没有。举个例子吧，现在过敏性体质的孩子很多，而有些抗过敏药物是激素类的。我有个朋友的孩子患有长期过敏性鼻炎，父母不知道用药的危害，一直给他服用激素类药物。长到 13 岁时，我见过他一次，手脚脸部肥大，一看就知道是个不正常的孩子。他的样子就像我在医院看到的那些内分泌不正常的孩子一样。
兔 妈	激素类药物一定要慎用。我们家老二有段时间鼻炎很严重，但我给她使用鼻喷药物一个疗程不超过两周。
羊 爸	除了药物，介于食物和药物之间的保健品，小孩也要慎吃。
兔 妈	老年人食用保健品很多，小孩吃保健品的好像少见。
羊 爸	我听一个朋友谈起过一件事。她有个闺蜜，生了一个女儿先天体质很弱，父母为了增强孩子的体质，从小给孩子吃保健品。20 世纪 80 年代末，中国保健品刚刚兴起，广东有个很有名的保健品叫 ××× 口服液，这个孩子从小就开始吃这个了。据说孩子吃各种各样的保健品长大，长到 28 岁，人很瘦很白。忽然有一天这姑娘发病住院，也查不出什么病，一个月就去世了。父母在给孩子用药、吃保健品方面存在很多错误的观念，导致孩子的不幸，这是父母最大的失误啊。
兔 妈	是啊。

羊 爸　最后再谈谈饮食不当导致的身体缺陷。人是杂食动物，需要各种营养物质，孩子偏食是很不好的。父母养育孩子，在饮食上也不能犯大错。

我有个同学在国外，20 年没见了。去年我去看他，他有两个孩子，一个 19 岁，一个 21 岁，都比他们夫妻矮小。我感觉到奇怪，小心地了解了一下他家的饮食情况，原来他家以素食为主，孩子吃的和大人也一样，鸡蛋牛奶小孩吃得很少。

养育孩子，成人后的身高是很重要的，这往往被父母忽视。父母有所不知，年轻人择偶标准中，身高条件太重要了。我自己身高一米七四，大学时经常被嘲笑矮。

兔 妈　我身高一米七一，有点嫌你矮。（笑）

羊 爸　我讲了健全，从孕育、生育、养育三个方面讲了如何避免身体上的缺陷。接下来我讲讲健康。

兔 妈　好的。

羊 爸　健康的反面是疾病，身体要么处于健康状态，要么处于疾病状态。健康带来快乐，疾病带来痛苦。人的一生中，健康的日子越多越好，疾病的日子越少越好。这样的人生才能说是幸福的。

兔 妈　是啊。

羊 爸　我们观察人的一生，生病是有规律的。一般来讲，从出生到 6 个月，婴儿很少生病，这是因为婴儿从母体带来先天的免疫力，并且母乳也提供了免疫物质。6 个月后生病的次数就多起来了，直到 3 岁上幼儿园之前都是疾病高峰期，这是因为先天免疫力减弱，同时断乳之后的饮食增加了接触外界病菌的机会。3—6 岁幼儿园期间，生病的次数逐渐减少；到了 7 岁进入小学，患病的次数更少了。这是因为身体免疫力增强，得病的可能性降低。

兔妈　我们的孩子生病是有这个规律的。

羊爸　自从疫苗接种普及以来，小孩生病的次数更少了，特别是因病致残的情况几乎绝迹了。

兔妈　小孩最好少生病，要生病也最好生小病，生大病太可怕了。

羊爸　人的一生中，青年时期生病是最少的，中年时期会多一点，进入中老年之后疾病就多了起来，进入老年之后生病的次数就更多了。城市里老年人吃的药越来越多，各种各样，上医院的次数越来越多。他们大多是靠药物维持生命的。

兔妈　继续谈教育吧。

羊爸　好的。我们就谈如何养育孩子，为他们一生的健康打下一个坚实的基础。

兔妈　嗯。

羊 爸　养生之道人们谈得很多，但大部分是关于老年人的，关于小孩的养生（养育）之道，很少有人谈及。

我们前面讲过，人是生物，生物就要和外界交换物质，一是获取活动的能量，二是为自身的生长提供物质。按照通常的说法，人体是一个新陈代谢的系统，人只要活着，就要不断地吸取物质、排出物质。人体的各种细胞，要靠吸取的物质产生；死亡的细胞、生化反应后的有害物质，要通过呼吸、汗腺、大小便排出体外。

维持人体新陈代谢的活动，最基本的需要就是氧气和水。

养育孩子的第一条就是千万不要把孩子放在污浊的空气之中，应该经常带孩子到大自然中呼吸新鲜空气。《爱弥儿》的作者卢梭也这样说过。

养育孩子的第二条就是千万要注意水质，要经常喝水，喝清洁的水。

兔 妈　你这两条，我们在养育孩子的过程中是特别注意的。

羊 爸　第三条是食物。小孩的消化系统没有发育成熟，所以孩子越小，就越不能吃和大人一样的食物。一般进入小学之后，基本上可以和大人一样吃了，不过也应当注意少吃调味品，要以清淡为主。

除了注意食物和大人的不同之外，还要注意食物的营养全面。大人的身体发育已经完成，全面的营养物质固然重要，但没有小孩重要。因为小孩的身体处于发育中，身体各部分生长都需要食物来提供必需的营养。骨骼系统需要钙、磷，肌肉系统需要蛋白质，血液系统需要铁等。

这里特别要注意小孩的消化系统。一个人的消化系统如果不好，身体就好不到哪里去。消化吸收不好，吃得再多也会营养不良。营养物质不足，导致身体各个部分发育不足。骨骼发育不足导致矮小，肌肉发育不良导致瘦削。

兔 妈 这个有实证吗？有统计数据吗？

羊 爸 没有，我是从常理推导的，不是基于调查样本、数据统计的严谨的证明。

兔 妈 调查研究费时费力，你没有这个条件。

羊 爸 是啊，我这些可不是科学报告，不可能百分之百正确，只要医生看了不认为我在胡说八道就可以了。如果一些父母读了之后，能够引起重视，我的目的就达到了。

兔 妈 你的善意，读者会心领的。

羊 爸 现在讲讲养育孩子的第四条——运动。

生命在于运动，不要说生命体，就是世上万物，都是运动着的。没有运动就没有时间，时间是运动的计数。地球绕太阳运行一周就是一年；地球自转一周就是一天。

有人模仿乌龟养生，乌龟静止不动都很长寿。殊不知，乌龟是冷血动物，生命机理和温血动物迥然不同，何况乌龟也是经常行动觅食的。

正确的养生方法应该是动静结合，以动为主，以静为辅。动是施展生物体的机能，让机体处在一种完好的状态；静是为了让机体自我修复，目的是为下一次的动做准备。可以说动是目的，静是手段。

当然，过度地动，缺乏适当的静，会导致机体受损，不能修复，对机体是有害的。要点在于动静相宜，就像睡眠，一个人睡得过多或过少，都会显得萎靡不振的。

兔 妈　嗯，言之有理。

羊 爸　生命在于运动，运动对于健康自然是很重要的。

我们看一部新车，设计速度为 100 公里每小时。如果使用者一直不敢开快车，速度始终保持在 50 公里每小时，这样的用车方式，车容易坏而且寿命也不长；反之，如果使用者喜欢开快车，平均速度大大超过 100 公里每小时，车子磨损过大，也是容易坏的。

运动对身体的健康影响同理。人的身体就像一部新车，人体的 DNA 决定了身体某些方面的限度。运动的目的就是让身体尽量达到这些限度，如身高、体能等。当人的身体接近这些限度时，人体处于一个最佳状态，不但性能最佳，而且抗病菌入侵的免疫力也达到一个高度，生病的可能性就大大降低了。

人的疾病大致由三个方面引起：外部病菌侵入；组织器官的机能衰退或非正常生长；体液中某种物质素的缺乏或过多。运动对疾病的防御是最有效的。

兔 妈 听起来，你好像是半个医生了啊。

羊 爸 有氧运动能提高人的心肺机能。心脏的强大供血能力，肺的强大的氧气、二氧化碳交换能力，不但是体能的重要保证，也是抵抗疾病、恢复健康的重要保证。剧烈的运动即锻炼，是塑形强体的重要手段，下面我会讲到。

兔 妈 好了，你已经讲完了健康养育的四个重点：空气、水、食物和运动。

羊 爸 是的。我们也谈了健全、健康，接下来我们谈谈健壮、健美。

兔 妈 好的。

羊 爸 身体的健壮和骨骼、肌肉有关。有的人生来就骨架大、肌肉发达，看上去强壮；有的人生来就骨架小、肌肉纤细，看上去瘦削；有的人生来就脂肪多，看上去圆润。这些都是先天遗传因素所致。除了先天因素外，后天的运动方式和职业也起了重要的作用。山区的人经常走山路，腿部就非常强壮；船上的橹工手臂特别发达；足球运动员的腿部肌肉特别发达；橄榄球运动员的上身特别强壮。

兔 妈 是这样的。

羊 爸 后天因素遵循一个原则——练壮废衰，这是借用"用进废退"这个词。

我经常到健身会所跑步，看到有些健身教练的胸大肌和上臂肌粗到不可思议的程度，甚为惊讶。请教之后，才知道是长期部位锻炼的结果。当然，锻炼的同时要及时补充蛋白质。

由此可见，身体要强壮，某部位肌肉要发达，则要通过锻炼，并及时补充营养。

兔 妈 不过我们中国人有个观念，看到强壮的人，会马上想到"四肢发达，头脑简单"这句话。

羊 爸 是啊。不过我认为，两者不是相互对立的，而是可以兼顾的。比如美国近百年以来的大多数总统，既有一副强壮的身体，又有一颗睿智的头脑。

随着人类不断借用机械自动化代替人的体力，强壮的身体所具有的体能越来越不重要，而睿智的头脑却变得越来越重要。但一副强壮的身体可以给别人带来一种力量感，让人产生安全的感觉，也给自己带来一种力量感，从而增强自信。从这一点来看，强壮的身体还是有不少好处的，天下的父母必须认识到这一点。

兔妈　是的，我们培养孩子成人，看上去强壮一点总比瘦削要好。作为父母，针对孩子身体不同部位肌肉的发育情况，可以选择性地锻炼，以求发育良好。

羊爸　我认为很有必要。

兔妈　接下来谈谈健美吧。

羊爸　好的。我第一次见到健美冠军的体形时，惊叹于其身体各个部位的肌肉之发达，各部位之间比例之匀称。我们中国人的传统观念，是羞于暴露自己的身体的。我们第一次看到西方的健美先生、身穿比基尼的游泳女郎，反应是很不自然的。

兔妈　嗯，现在我们慢慢地开始接受这种人体的美了。

羊爸　西方追求人体的美，具有悠久的历史，我们可以从古希腊的雕塑中看到，也可以从文艺复兴时期的人体画中看到。雕塑《大卫》透露出男性之美，雕塑《米洛斯的维纳斯》透露出女性之美。

兔妈　你说到这些，我真想亲眼去看看这些艺术珍品。

羊爸　我看过一本书《你的形象价值百万》，说明人的形象的重要性。形象美包括了人体的美和服饰的美。中国的传统忽视人体的美，而注重服饰的美。这可以从越剧和京剧等中国传统戏剧中看到，花旦服饰的繁复程度让人惊讶。

不过，当今的年轻人越来越注重人体的美了。我们看到很多年轻人走进了健身房，不但健身，而且健美；学舞蹈的女孩子也越来越多了。

兔 妈　是啊，我们的大女儿学习拉丁舞许多年了。

羊 爸　身体的健美可以通过运动和舞蹈实现。

兔 妈　你简单说说。

羊 爸　身体的美在于大小适中，各个部分比例匀称。身体的头和身、手和脚的大小长短比例要适中才美。头过大过小不美，手脚过长过短也不美，身躯过大过小也不美。

兔 妈　这个要求太高了。

羊 爸　当然。要达到美的比例，先天是最重要的，不过后天可以适当修正。

如果一个人生来腿短，最好不要去踢足球，而要去打篮球；如果一个人生来上身强壮，最好去做强壮下身的运动，反之亦然。

兔 妈　应该这样。

羊 爸　一般说来，运动锻炼身体的大肌肉群，舞蹈锻炼小肌肉群。舞蹈不但可以塑造体形美，而且可以练就身体的姿态美、活动的轻盈美。

兔 妈　是的。

羊 爸　除了一般的运动项目和舞蹈外，游泳项目也是达到形体美的重要方式。

兔 妈　　可以看到，经常游泳的人体形确实比一般人美。

羊 爸　　好了，最后总结一下吧。

在教育孩子成人的过程中，身体的养育是其他一切的基础。父母应力求孩子的身体达到健全、健康、健壮，甚至健美。

健全是人生幸福的基础；健康是快乐生活和长寿的保障；健壮是力量和信心的来源；健美可以得到他人的青睐，是择偶的重要优势。

漫谈道德

羊 爸	前面我讲了关于身体的教育，再来谈谈道德教育。
兔 妈	好的。
羊 爸	按照约翰·洛克的教育理论框架，道德教育位于首位，在他看来，道德教育比知识和技能教育还重要。
兔 妈	是吗？一般人不会这么认为。
羊 爸	我们先来讲讲"道德"这个词。 "道德"这个词用得很多，意义有时很宽泛，有时很具体，很难把握。比如说某人道德败坏，很具体；说某个社会道德沦丧，就很宽泛，不容易理解。 "道德"一词可能源于老子的《道德经》。《道德经》分为《道经》和《德经》上下两部分。
兔 妈	《道经》是什么？《德经》又是什么呢？
羊 爸	老子思考天地万物和人，把对天地万物的思考结果写成《道经》，把对人的思考结果写成《德经》。
兔 妈	中国古人把天地人作为三才，人是高于地上万物的。
羊 爸	对的。老子探求天上日月星辰运行之道，探求地上万物繁衍生息之道，探求人和社会的生存发展之道。他把对人的探究部分命名为德。
兔 妈	是的，我们常说人的德行，动物的兽性。西方人探讨物性，卢克莱修还写了一本书《物性论》。

羊 爸	我们有这样的说法——医生要有医德，教师要有师德。一句话，德是关于人的，关乎由人组成的社会的。
兔 妈	可不可以说，物之道，人之德？
羊 爸	没有这样说的。按照现在的宇宙论观点，宇宙、世界就是时间和空间，物质和能量的总和。
兔 妈	你说得有点远了。
羊 爸	我们回到"道德"这个词。冯友兰关于道德有个宽泛的定义，道就是万物变化的总原理，德就是人和社会变化的总原理。这个定义也是和上面老子的说法接近的。
兔 妈	是的。
羊 爸	我们具体到日常生活中探讨道德的含义。
兔 妈	好的。
羊 爸	在中国古典文学作品中，经常会出现这样的情景：一个人德才兼备，受重用时会感激地说"我何德何能，能担如此重任"。
兔 妈	按照中国传统文化观念总观某个人，除了看他的体能外，就是看德和能（或者才）了。
羊 爸	这个德就是我们探讨的道德，也是我们对话的主题。
兔 妈	希望能讲清楚些吧。
羊 爸	《资治通鉴》的作者司马光把人分成四类：有德有才称贤人；有德无才称君子；无德无才称庸人；无德有才

称小人。

兔 妈 按照这个分类法，司马光把"德"看得比"才"重要。请你深入浅出地讲讲道德。

羊 爸 好的。可以这样讲：一个人身体好，就是健康的；一个人行为好，就是道德的；一个人思想好，就是智慧的。

兔 妈 虽然不够准确，但大致上可以这样说。

羊 爸 由此可以看出，道德是关于人的行为的。

行为是人类很重要的一类活动，甚至和技艺、制作等活动同等重要。

人们靠劳作和技艺获得生活必需品，维持生存，所以劳作和技艺是很重要的。此外，人是社会性动物。一个人的行为将会影响到他人，从而引起他人的称赞和指责。如果一个人一直被他人指责，他就可能被迫离开这个群体。

兔 妈 请说得简要点。

羊 爸 行为是社会（人群）中人的很重要的一类活动。一个人的行为关乎这个人能否适应和融入这个社会。

譬如一个人在优美的花园中随地吐痰、乱扔垃圾，他人看到了会怎么反应？譬如幼儿园里一个孩子抢走另一个孩子手里的玩具，其他孩子看到了会怎么反应？譬如员工在公司里因为一点小事就骂人，同事们听到了会怎么反应?

兔 妈 你讲的是行为的合宜性问题吧,亚当·斯密在《道德情操论》中探讨过。

羊 爸 是的。那么,什么是行为,什么是合宜性?

兔 妈 请讲。

羊 爸 有别于其他类的活动,行为是人做出的影响他人情感的一类活动。这类活动包括言语、表情、肢体动作以及身体姿态等。行为引起他人的好感和反感、快乐和痛苦。

兔 妈 好像是这样的。

羊 爸 行为是关乎情感的。那么,什么是合宜性呢?
行为被周围的人称赞就是合宜的,被指责就是不合宜的。

兔 妈 请你讲讲情感。

羊 爸 情感是人很重要的一种机能,有人把它分成喜怒哀惧四种基本的情感。简单的情感只有快乐和痛苦、喜欢和厌恶。由简单的情感可以衍生出复杂的情感,如羡慕和妒忌等。社会越文明,人的情感越细腻、越丰富、越复杂。一般来说,农村人的情感较为简单,城市人的情感较为细腻丰富。我这个乡下人 1985 年来到上海,粗糙的情感碰上细腻的情感,处处不适应,就是这个道理。

兔 妈　　我看你现在好多了，和别人相处得心应手。

羊 爸　　关于情感主题，除了音乐，最好的人类作品就是文学了，《红楼梦》通篇讲的就是一个"情"字；关于思想主题，最好的人类作品就是哲学。

兔 妈　　请你用你的哲学功底，深入地讲讲情感。

羊 爸　　我试试看。

我前面讲过，世上万物分为生物和非生物。生物有营养机能而非生物没有。植物只有营养机能，而动物还有运动机能。随着进化，动物的感觉机能不断发展，最后发展出听觉和视觉这两种高级感觉机能。

随着感觉机能的发展，情感机能也不断发展。高度进化的灵长目动物，已经可以用眼神、声音和脸部表情或简单的语言来表达复杂的情感了。到了人类，可以用复杂的语言来表达情感了。

情感机能是动物的一种高级机能，它对个体的生存和繁衍具有重大的作用。

兔 妈　　你就讲讲人的情感吧。

羊 爸　　好的。

人是一个力量体，个体的发展取决于保持力量和扩大力量。生存就是力量的保持，生长就是力量的扩大；死亡就是力量的消失，衰老就是力量的减弱。

我们以肉体的痛苦和快乐为例。身体受到伤害，人为什么会感到痛？手上扎进一根刺，为什么立刻会感到痛？这是因为手的内在运行机制决定了，扎进一根刺，它的活动就会受到影响，不如之前那么灵活、那么有力了。也就是说，手的力量被削弱了。

可见，痛感是人体的一种自我防御机制，目的是防止力量被削弱。

兔妈　由此是否可以推出，痛苦来自自我力量的削弱，快乐来自自我力量的增强？

羊爸　人对自我力量有一个感觉，感觉到力量减弱就会痛苦，感觉到力量增强就会快乐。

兔妈　好像动物也有自我力量感。譬如两只体型相差较大的老虎相遇，体型小的一只会知弱而退。

羊爸　是的。

人生病了，力量减弱，所以感到痛苦；病好转了，力量在恢复，所以感到舒畅快乐。

人交到一个新朋友，会感到快乐，因为朋友是另外一个自我，多一个朋友，多一份力量。

兔妈　有道理。

羊爸　人作为一个力量体，对自我力量的测度有一个值，他人对你的测度也有个值，两者相近，说明你有自知之明。被人贬低为何会感到痛苦？被人褒扬为何会感到快乐？两者的差异是原因。

兔 妈　是这样的。

羊 爸　让我们回顾一下，我们从道德引出行为，从行为引出情感，再从情感引出力量。我们也指出，行为的合宜性来自他人的称赞和指责。

那么周边人对某个行为的称赞和指责的理由是什么呢？

如果一个人的行为造成另一个人情感上的痛苦，旁人就会指责；如果造成快乐，旁人就会称赞。

一个人饿了，另一个人给了他一块面包，第一个人感到快乐，第三个人称赞第二个人；一个人渴了，正在喝一瓶水，被另一个人抢走了，第一个人感到痛苦，第三个人指责第二个人。

兔 妈　同意。

羊 爸　我们从自我力量感的加强和削弱推出快乐和痛苦，从快乐和痛苦的增加和减少推出行为的合宜性，从合宜性推出道德。

兔 妈　这就是亚当·斯密的理论吧。

羊 爸　是的。还有个重要的问题。一个人怎么知道他的行为的合宜性呢？他不能在行为后果出现之后从旁人的称赞和指责中知晓吧？他应该事先预判行为的合宜性吧？

这关乎一个人的同情（共情）能力的问题。

兔 妈　　请你讲讲。

羊 爸　　人的情感是会相互感染的。

你和朋友在一起，朋友高兴地笑，你会跟着开心；朋友悲伤了，你也会跟着伤心。按照常理，人比较容易被悲伤感染，不容易被喜悦感染。如果一个人在欢喜的人群中哭丧着脸，或者在悲伤的人群中面露欣喜，都是很不合宜的。我们可以说这个人缺乏同情（共情）能力。

这里的同情不是指对处于不幸遭遇的人表示的怜悯之情，而是指某个人能够和他人具有相同情感的能力。

兔 妈　　你在这里用的"同情"是和通常的不一样。

羊 爸　　同情能力天生有之，也需要父母的教导和培养。

一群玩耍的孩子，其中一个孩子摔痛了在哭，大部分孩子会表现出关切，如果某个孩子开心地笑，这个反常的孩子很可能有点不正常。

孩子虽有天生的同情之心，后天也需要父母加以教导。

所以，大部分父母带着孩子去参加喜庆典礼时，会告诉孩子要穿着喜庆之色的服装，面露喜悦之色，说吉利之话。

孩子也可以看一些优秀的文学作品，来提升这种同情能力。

在文艺作品中，我们经常看到这样一些现象：典礼的主人面对关系疏远的人前来祝贺，也会非常高兴，甚至有些有过恩怨的人前来祝贺，他也会难于拒绝。

在希腊悲剧中，在父亲的葬礼上，儿子面对父亲的仇人来祭吊并表达哀悼之情，也难于拒绝，甚至能在心中消除些许仇恨。

兔 妈 情感确实这样微妙。

羊 爸 同情的能力是一种非常重要的能力。这种能力取决于三个因素：第一，自己情感的丰富细腻程度；第二，对自我情感的把控；第三，对他人情感的察觉。

兔 妈 是的。

羊 爸 要培养这种能力，既需要父母的教导，也需要自己在社会交往中对他人的情感多观察和体会，还可以多看些文艺作品去体验各种情感。

兔 妈 同意。

羊 爸 我们讲了同情能力，再回来讲讲情感吧。

我们可以从行为造成的快乐和痛苦中找到合宜性，也可以从行为造成的愤怒和恐惧中找到合宜性。

一个人被百般欺负却不反击，这个人被称为懦夫。一个人被欺负，表现出适当的愤怒，就是合宜的；表现出过度的愤怒，就是不应该的。

一个人面对小小的危险表现出强烈的恐惧，会被人看不起；一个人在巨大的危险面前毫无惧色，会令人敬佩。

兔 妈 同意。

羊 爸 在愤怒和恐惧的情感上是这样，其他情感也一样。

我们可以总结一下，同情能力很强的人，他的行为合宜性很好，从而他的道德性很高。

兔 妈 经过长篇大论，我们终于回到了道德主题。

羊 爸 具体到某个人，我们会说他的品格如何，他的品德如何。

兔 妈 相对的说法是，他的才能如何，他的才华如何。

羊 爸 人具有的最好的道德，或者说美好的道德，我们可称之为美德。

兔 妈 美德这个词现在用得很少。

羊 爸 我们去看一些西方的伦理学经典书籍，美德这个词经常被使用。

亚里士多德在《尼各马可伦理学》中对美德做了详细而深入的探讨。

兔 妈 请你讲讲。

羊 爸 亚里士多德认为，美德就是适度。

兔 妈 什么是适度？

羊 爸 适度就是适中。

兔 妈 什么是适中？

羊 爸 适中就是中间。中间居于两端之间，和两端的距离相等。亚里士多德说的中间就是算术平均概念。

兔 妈 如果一根绳子、一根棍子粗细不同怎么办？

羊 爸 亚里士多德说的中间是几何平均。

兔 妈 算术平均和几何平均是算术和几何概念，伦理学怎么和数学联系在一起了？

羊 爸 我也觉得很奇怪。柏拉图说过，没有学过几何的人，不要进他的雅典学园。

数学是人类理性的最初来源，夸张地说数学是万学之母吧。

兔 妈 数学真的很重要吗？

羊 爸 在现代基础教育体系里，数学和语言是最重要的两门学科，中国和美国都一样。

兔 妈 可是我们看到一个现象，中小学生同时喜欢语文和数学的很少。

羊 爸 是有这个现象，不过这种情况是可以改善的，从教材、教师和教学方式着手。以后再谈吧。

兔 妈 我们还是谈谈美德吧。

羊 爸 美德就是适度，适度就是适中，适中就是中间，中间的两端就是不及和过度。适度就是最好的，不及和过度都不好。

兔 妈 就像人的体温，36 ℃—37 ℃（腋温）就是最适合的温度，低于 36 ℃不行，高于 37 ℃就是发烧了，也不行。

羊 爸　这个类比好。

我们来具体运用一下这个适度原则。

在金钱消费上，适度就是节俭，不及就是吝啬，过度就是铺张，所以节俭就是美德。

在用钱物帮助他人这件事上，适度就是慷慨，不及就是小气，过度就是挥霍。

兔 妈　请你再举几个例子。

羊 爸　我做一个表格吧。

不及	美德（适度）	过度
懦弱	勇敢	鲁莽
懒惰	勤劳	操劳
呆板	机智	滑稽
憎恨	友爱	奉承

兔 妈　这个表很好，按照这个原则，我们可以找到很多美德。

羊 爸　对大部分家长来说，这个原则还是容易掌握的，在教育实践中也是比较可行的。

兔 妈　是的。

不过只讲原则还不够，你能不能具体地讲讲在孩子的道德教育方面，家长该怎么办？

羊 爸　好的，我们从道德的最初表现——礼貌开始。

我们观察周边的人：有的人礼貌很周到，有的人礼貌不周到；有的人稍有礼貌，有的人不但没有礼貌，甚至态度生硬，语言、行为粗鲁。后者被认为没有教养。一个人有没有教养，关键看父母。礼貌教育，从父母开始，尤其母亲要尽更大的责任。

兔 妈 同意。

羊 爸 孩子从牙牙学语开始，母亲就会教他，见到外公叫"外公"，见到外婆叫"外婆"，见到奶奶叫"奶奶"，见到爷爷叫"爷爷"等；和小朋友玩好要分别说"再见"；收到大人送的玩具要说"谢谢"。

兔 妈 还有很多场合的礼貌。

羊 爸 是的，我不能在这里一一列举，相信绝大多数父母都是能注意到的。

兔 妈 那么请你讲讲礼貌本身吧。

羊 爸 礼貌是表示善意的行为，包括点头、微笑等脸部的表情，问好、致意等嘴里说出的言语，以及握手、鞠躬等肢体的动作。

礼貌释放出的善意可以避免人与人之间的摩擦、冲突甚至仇视。有位哲人说过，礼貌是人际交往之润滑剂。

有的人由于害羞、难为情，不好意思做出礼貌的表示。他认为自己心中有善意就可以了，不用通过礼貌表现出来。这种人认为礼貌能少则少，其实他大错特错了。俗话说："礼多人不怪。"正确的做法是，礼貌宁多勿缺。有位哲人甚至说过这样的话："礼貌的缺乏导致勤劳、诚实正直这些美德黯然失色。"

兔妈 是这样。

羊爸 讲了礼貌之后，我们讲讲礼仪。

人类有很多重大活动，国家的庆典活动，宗教的祭祀活动，百姓家庭的婚丧活动。这些活动目的不同，对参加者的要求不同。这些要求包括着装、站姿、坐姿、脸部表情、言语等。从正式到随意、从严肃到松弛、从喜悦到悲伤，参加者要做到恰到好处。

兔妈 你举例说明一下。

羊爸 在婚礼中，某个人哭丧着脸，说一些不吉利的话，那是很不合宜的。在丧礼上，一个人穿着大红大绿，嬉笑怒骂，也是很不合适的。

兔妈 是啊，这类活动，虽然日常生活中少见，但作为父母，一定要利用这些机会好好教教孩子适当的礼仪。

羊爸 礼仪除了父母教之外，孩子也可以从影视作品中模仿学习。

兔妈 除了礼貌、礼仪，我们还要教孩子什么呢？

羊爸 教育孩子学会尊重每一个人。

我们碰到任何一个人，不管是男的女的、老的少的、富的穷的、贵的贱的，都不要轻视他，要给他最起码的尊重。

你可以不尊重一只猴子，但不能不尊重一个人。背后的原因是，猴子没有害人的能力，而人既有利人的能力也有害人的能力。你打骂猴子，它没有报复能力；你打骂弱者，他有报复能力。《三国演义》中的张飞经常在酒后打骂手下士卒，最终在睡梦中被部下杀死。

兔 妈 你这个说法有点危言耸听啊。

羊 爸 是吗？哈哈。

你轻视、鄙视、藐视一个人，很有可能引起他的怨恨，日后说不定要报复你。

兔 妈 一个人目中无人，往往是在他获得巨大成功的时候，即他在意气风发、洋洋得意的时候，很容易犯这样的错误。

羊 爸 是的。下面我们谈谈感激。

如同叫喊在山谷里有回声，阳光照在水面上有反射，他人对我们的好言善行，我们应该给予回应。这种回应就是感激。

兔 妈 中国古话说，滴水之恩当涌泉相报，你敬我一尺，我回你一丈，表达的就是这个意思。

羊 爸 一个社会，人与人之间不但要分工协作，而且要互相帮助。谁都有落难的可能，无力自助的时候就需要他人的帮助。再强的人，也有需要帮助的可能。电影《飘》里的郝思嘉求助某个贵人时说，狮子也有需要耗子帮忙的时候。

　　一个人既然接受他人帮助，就需要说出感谢之话，而且日后适当时候要回报这一恩情。如果某个人没有这种感激之心，他可能会受到旁人的指责。如果他不改正，久而久之，就没有人再愿意帮他了。这样的人是一个孤家寡人，命运不会好到哪里去的。

兔　妈　　日常生活中这样的人少有，或者我们不曾注意到。文学作品里应该有这样的人物吧？

羊　爸　　有的。我们再说说友爱。

　　一个人需要亲爱，父母爱他，他也爱父母，他爱孩子们，孩子们也爱他；需要兄弟姐妹之爱，他爱他们，他们也爱他。除了这种血缘关系的爱之外，也需要无血缘关系的友谊，即朋友之间的爱。

　　朋友是另一个自我，你有什么样的朋友，你慢慢就成为一个什么样的人。这些都在说友爱的重要性。

兔　妈　　培根有篇《论友谊》的随笔，论述了友爱、友谊的重要性。

羊　爸　　培根认为，友谊可以调剂人的感情，增进人的事业，提升人的品德，等等。

兔　妈　　我们给孩子们上过这篇课文，孩子们也认同培根的观点。

羊　爸　　讲好友爱，我们最后讲讲正义。

正义的英文是 justice，有正好、合宜之意。按照亚里士多德对美德的定义，正义也是美德，而且是很重要的一种美德。

兔 妈　不过这种美德很少有人注意到，也很难讲清楚。

羊 爸　我试着把正义讲得清楚些吧。

正义的反义词是邪恶，我们说某人邪恶，头脑里马上想到他做了许多坏事；我们说某人是正义之人，却不知道何为正义。

这么说吧，利人就是好，害人就是坏；利众人就是正义，害众人就是邪恶。

兔 妈　这个说法比较容易理解。

羊 爸　那么何为好，何为坏？何为利人，何为害人？

兔 妈　愿闻其详。

羊 爸　英语中对应汉语"好"字的单词有 good、nice、well，它们的含义是有区别的；而汉语中的"好"字，含义比较笼统，没有精确地表达出不同的概念。

请让我尝试表达精确一些吧。

"好"既可以是"物"的好，也可以是"事"的好。

两人见面，一人问候"近期身体好吗？"，这个"好"指示身体（物）的状态。

世上万物，自身可以说好坏。对于非生物，我们一般很少这样说，生物可以这样说。我们看十棵树，可以看出哪棵树长得最好；我们养了十只羊，也可以看出哪只羊长得最好。

世上万物，还有它对于别物的好坏。我们说蛇是坏的，不是说蛇自身好坏，而是说毒蛇会咬人，致人死亡，所以是坏的；我们说猫是好的，是因为猫能够抓偷粮的老鼠，所以它对于家庭是好的。

世上万物，还有一种人造器具的好。人制造器具，有使用它的目的，器具能用，我们就说它是好的。一把剪刀，能剪裁自如，它就是一把好剪刀；一辆自行车，骑上它能飞快自如，它就是一辆好自行车。

兔 妈 这些说法平常很少有人去想过。

羊 爸 我们重点说说人的好吧。

人自身的好是最重要的。一个人身体状态如何，好就是健康的，坏就是疾病的；一个人情感状态如何，好就是平静喜悦的，坏就是悲伤痛苦的；一个人思想状态如何，好就是头脑灵敏、语言清晰的，坏就是头脑昏沉、口齿不清的。

一个人处于好的状态，他的力量也处于最佳状态，这个人充满活力，生命能力特别强。

从人自身的好引申出人的行为的好坏。一个人的行为使另一个人的自身变得更好，我们就说这个行为是好的，做出这个行为的人是好人；反之，这个行为是坏的，做出这个行为的人是坏人。

兔妈　我们一般关注人的行为的好坏多一些，而很少关注人自身的好坏。

羊爸　我认为教育首先应该教会孩子识别人自身的好坏，其次再识别人的行为的好坏。没有能力判别人自身的好坏，怎么判断人的行为的好坏呢？

兔妈　那人的自身的好坏怎么判断呢？

羊爸　这是教育研究的重大课题。人身体的好坏容易判断，情感系统好坏的判断就不容易了，思想系统好坏的判断就更难了。

兔妈　总归可以通过读书来学学这种本事吧。

羊爸　可以看看西方的伦理学著作，如亚里士多德的《尼各马可伦理学》，亚当·斯密的《道德情操论》，康德的《纯粹理性批判》。

兔妈　这些书也太难了吧！

羊爸　正因为难度高，你能读懂，对你有用，你才高于一般人。

兔妈　回归正题，讲了"好"与"坏"，接着讲"利"和"害"吧。

羊爸　其实上面已经讲到了。利人就是让人变得越来越好；害人就是让人变坏（差）。良医治病，就是利人；江湖郎中治病，就是害人。落井下石就是害人，雪中送炭就是利人。

兔 妈	有道理。
羊 爸	讲了好与坏、利与害之后，我们再讲讲正义和邪恶。
	一个人一辈子不可能只和一个人打交道，一生中要和许多人打交道。一个人在人生的不同阶段要和许多人打交道，譬如在学校里和同学一起学习，在职场上和同事一起工作。一个人对众人的行为会表现出正义和邪恶。
兔 妈	请继续。
羊 爸	一个人有自身的好，一个群体有群体自身的好，一个社会有社会自身的好。作为群体中的一分子，如果他的行为有利于群体，就是正义的，反之就是邪恶的。
兔 妈	所以我们要教育孩子在班级里做好学生，在朋友中做好人。走向社会后，在单位里要做好员工，在社区里要做好公民。
羊 爸	是的。我们讲完正义这个美德之后，再讲讲爱和道德的关系吧。
兔 妈	好的。
羊 爸	爱就是关心、照顾、帮助，让被爱者好好生活。恨就是回避、抛弃、伤害，让被恨者毁灭。
	爱是动物特别是高级动物繁衍生存的重要手段。母鸡孵小鸡、母狗哺乳小狗等都是让人感动的爱的画面。
	人和动物相比，亲自抚育子代的时间最长，给予子代

的爱最多。在双亲给予的爱中，母爱占了很大比例，父爱相对较少。

兔 妈　　母爱和父爱是不同的。

羊 爸　　美国近代有位心理学家写过一篇文章，她说母爱是无条件的爱，这种爱培养了孩子善良、仁慈、乐于助人的品德；父爱是有条件的爱，这种爱培养了孩子有勇气、有责任心和有担当的品德。

兔 妈　　可见，一个人的道德和双亲的爱关联很大。

羊 爸　　亚里士多德观察人类社会这种特有的爱，他认为一切爱都源于母爱。正因为有了母爱，才有兄弟姐妹之爱，才有朋友之间的友爱等。

兔 妈　　可见母爱太重要了。

羊 爸　　是啊。一个人首先要被人爱，才能爱人。很难想象一个在没有爱的环境下长大的人，他会爱人。一个人最先得到的爱，就是母爱。

兔 妈　　缺乏母爱的人是很不幸的。

羊 爸　　我深有体会。爱的缺乏也许像肢体的残缺一样，让人一辈子走不出阴影。

兔 妈　　所以，天下的父母应该给予孩子足够的爱。

羊 爸　　但爱的给予也应该有个度。父母关心照顾孩子太少，会被指责；但父母溺爱孩子，一般不会被指责。

现代社会，孩子的抚育中最大的问题不是父母之爱不足，而是过度。爱得过度即溺爱，是个大问题。

兔 妈　溺爱培养了孩子许多不好的品德，如懒惰、极度自私等。

羊 爸　所以爱也要适度，这个原则被许多父母忽视了。

兔 妈　是的。

羊 爸　让我总结一下。我们指出了道德的性质——合宜性原则；探讨了美德的本质——适度原则；追寻了道德的起源——人的情感、人的行为、人的自我力量感觉。道德法则有别于自然法则，自然法则研究的是"是什么，怎么了，为什么"的问题，道德法则研究的是"应当怎么做"的问题。

兔 妈　一个是自然律，另一个是自由律。

羊 爸　"应当"意味着有选择的自由。苹果一定会掉在地上，这是你无法选择的；你可以温和地说话，也可以粗暴地说话，这是可以自由选择的。

兔 妈　同意。

羊 爸　教育三大篇，智慧篇、身体篇和道德篇已经讲完。下次讲讲知识和技能教育。

兔 妈　期待。

漫谈知识与技能

羊 爸　我们为什么要写这些文章？主要是因为我觉得教育对于每个家庭太重要了，至少我觉得教育对我本人来讲是非常重要的一件事情，可以说没有教育就没有现在的我，是读书改变了我的命运。我现在之所以是个小小的企业负责人，一个比较成功的股票投资者，被教育和自我教育是主因。

教育对我的命运产生了重大影响，再加上我们养育了三个孩子，所以我们家对教育的关注可能多于其他家庭。

兔 妈　是的，在我为了生老三在深圳待产的那两个月，你为了陪伴我离开了工作地上海。那些日子你有了大量空闲时间，为了教育孩子，你开始阅读教育主题的书了。我记得你阅读的第一本书是柏拉图的《理想国》。

羊 爸　从《理想国》开始，我读了大量的书，发现世界上所有的教育理论家首先是个哲学家。世界上几乎所有教育名著都是哲学家写的。

兔 妈　有两本书你推荐给我读了，一本是卢梭的《爱弥儿》，一本是约翰·洛克的《教育漫话》。

羊 爸　我就是看了《教育漫话》，才萌生了写一本教育方面的书的想法。为此，我几乎把中国翻译出版的所有西方教育名著都看了。

兔 妈 我看你几乎每天都晨读，坚持到现在。从老三出生那年开始算起，至今已经十几年了。

羊 爸 虽然坚持阅读这么多年，也勤于思考，而且经常和你讨论，但我对于教育的认识还停留在表面。我曾经和你说过，为了做股票投资，我要争取活到 70 岁；但为了研究教育，我要争取活到 80 岁。真希望老天能多给我点时间，好让我继续研究。

兔 妈 老天一定会眷顾你的。

羊 爸 对教育的认识，这是一个宏大的题目，尽管社会上有识之士对此有不同的认识和见解，但我还是想把自己的一些认识讲出来和大家分享。因为我的见解是如此与众不同，而且我相信我的见解是有价值的。

兔 妈 我的感觉是，你讲的东西，虽然字面上简单，但有很深的含义。

羊 爸 哲学类文章的特点就是这样，读者对每个字词都熟悉，读过后却不知道含义。

兔 妈 是这样。

羊 爸 下面我们就谈谈知识和技能这方面的教育话题。大部分人都认为教育很重要，但教育是什么？几乎所有人都觉得很难回答，也很难说清楚，难让自己满意，更难让听者满意。我斗胆针对这方面的话题说一说。

兔 妈　我愿意做一个好的倾听者。

羊 爸　我先做个类比。我们讲教育，一般肯定是对人的教育，而不是对牛马等动物的驯养。我们再拿手中这个苹果智能手机做个类比。这个智能手机新买的时候是一个裸机，使用之前你要基于 iOS 操作系统安装各种各样的 App，如微信、支付宝、抖音等。

如果把这个过程和对人的教育做个类比，人的身体（大脑）可能就是那个裸机；基础教育给你的一套知识体系就是操作系统；后来学到的专门知识技能，可能就是一个个 App。所以你会发现要把一个人教育好，离不开身体，离不开基础知识系统，也离不开专业的知识系统。我们现在学校的教育体系也是这样，刚开始的时候只是基础知识教育，到了大学之后才慢慢开始分科、分专业，就像安装一个个 App。

所以要把一个人教育好，首先身体和大脑是基本，其次就是要在大脑里建立比较强大的基础知识体系，最后才是学习一些专业的学科。对于手机来说，如果硬件没有制造得更精密、操作系统没有版本更新，App 的功能和使用就会受到限制。对于人来说也是一样，首先要具备身体大脑器官和基础的知识系统，才能做各种各样需要专业技能的事情。

兔 妈　这个类比听起来不错，请继续。

羊爸　谢谢肯定，谢谢鼓励。

刚才借这个类比，试图讲清楚教育是怎么一回事。

如果再进一步问你到学校干什么，回答是去学习。学什么？学知识，学技能。那么知识和技能又是什么？这些都是非常宏大的话题。

知识是什么？知识区别于常识和认识的地方又在哪里？一般来说，首先，知识肯定意味着是个正确的东西。其次，它肯定是系统性的，而不是单一的、散乱的。这里面就涉及知识从哪里来的问题了，我先讲讲这个。

按照《圣经》的说法，人是上帝创造的；按照达尔文进化论的说法，人是从低级生物进化而来的。我们看到的一个具体的人，他有身体机能的部分，有意识、思维的部分。如果讲教育，肯定主要是指对人的教育。意识、思维说起来好像很空，但实际上也是比较实在的。如果一个人成为植物人，那他只保留有一个身体，意识、思维是没有的。如果依照身体的部位对意识、思维进行区分，意识、思维可以分成三个部分。从身体胸腹部的横膈膜往下，更多的是代表欲望，因为这下面主要是消化系统和生殖系统，这些代表着食、色等欲望。横膈膜之上再进行二分法，以头颈作为分界线：下面胸腔部分包括心肺，这部分主要代表人的激情部分或者说感情部分；上面就是头脑部分，也就是理智部分，这部分对人来说是最重要的。如此一来，我们就把意识、思维分成三部分：欲望、激情和理智。教育最主要针对的实际上还是理智部分。

兔 妈　你这个分类分析很直观，让我对意识、思维有了具体的感觉。

知识篇

羊 爸　对人的身体和意识、思维做这样一个划分之后，我们再去探讨知识是怎么来的。

兔 妈　好的。

羊 爸　我先问你一个问题，你想想看，如果没有语言，会有知识吗？

兔 妈　这个我没想过。

羊 爸　那我们换一个说法，语言和知识哪个是先产生的？

兔 妈　感觉是语言。

羊 爸　没错，语言先产生。再问你一个问题，是先有语言还是先有文字的？

兔 妈　应该是语言吧。

羊 爸　人类先有一个漫长的只有语言没有文字的时代，文字时代大概一万年的历史都不到。

兔 妈 我听说 8000 年的古埃及文明，5000 年的中华文明，起点应该就是有文字记录的时代。

羊 爸 在只有语言、没有文字的时代，知识的传播非常受限制。只有当文字系统产生之后，知识的传播才会变得更加有延续性，更加完整、准确。

兔 妈 为什么？

羊 爸 文字是用形状来表现的，是看得见的；语言是用声音来表现的，听得见但看不见。

兔 妈 是的。

羊 爸 语言的传播是即时性的，一个人说话一个人听，说完声音就消失了。

兔 妈 那文字呢？

羊 爸 文字的存续时间长得多，不管是刻在动物骨头上的甲骨文、刻在石头上的碑文、刻在金属器物上的铭文，还是古代写在沙宣纸上的文字、写在木浆纸上的文字和现代印在纸上的文字，保存的时间都是很长的。

兔 妈 是这样。

羊 爸 所以说，相对于文字的永久传播，语言的传播非常有局限性。语言只能是人对人传播，只能是一代人对下一代人传播。

兔 妈 也就是父母教孩子说话，这样一代代教下去，上一代人教，下一代人学。

羊 爸　是的。那么语言是什么呢？我们本来想搞清楚知识是什么，知识是怎么来的，现在又追溯到了语言是什么的问题。

兔 妈　这个问题更难回答了。

羊 爸　我们听到的最普遍的说法，语言是人与人之间进行交流的一种工具。

兔 妈　这是一种泛泛而谈的说法。

羊 爸　那就听听我对语言的看法，是不是泛泛而谈，不得要领。

兔 妈　好的。

羊 爸　我认为，语言首先是指向万事万物的一种声音，这个声音作为一种符号用于标记事物。

兔 妈　请继续。

羊 爸　我们可以想象一下远古时代，有些人为了某种互助需要，会给对他比较重要、影响比较大的事物一个名称，这个名称是用声音表示出来的。

兔 妈　眼睛看到某个东西，用嘴发出一个特别的声音来指示它。

羊 爸　是这样的。语言可能就是这么来的，某个人为了指示某个东西，给它一个名称，然后某个人群约定俗成，所有人都用这一名称。以后每个人看到这个东西，都用这个名称来表示；某个时候某人说出这个名称，其他人就知道他所指向的事物。看到任何一个自然物、一个动作，都会给它一个名称，所谓物有物名、事有事名，就是这样的。

兔 妈　有道理。

羊 爸　所以说语言可能就是这么产生的，为了人与人之间互助合作的需要，有人看到一个东西就发出一个声音来指示它，以后大家都用同样的声音来指示它，由此事物的名称就出现了，这就是语言。

　　　　语言的历史肯定比文字的历史要长得多。我们说人类历史有几千年的文明，主要还是指有文字记录的历史，但在有文字记录之前，语言已经不知道传了多少万年了。

兔 妈　好像是的。

羊 爸　古希腊的文学作品，比如《伊利亚特》和《奥德赛》，起初就是由盲眼诗人荷马讲述，而不是书写出来的。只是后人把它记录下来，抄写成书。

兔 妈　《荷马史诗》可是西方文学最古老的经典作品。

羊 爸　中国四大名著之一的《三国演义》，也有观点认为罗贯中并不是真正的作者，罗贯中只是把当时民间流传的评书中最好的一个版本记录下来。按照这种说法，《三国演义》的作者不能说是罗贯中一人，《三国演义》应该算是民间说书人的集体创作，不像《红楼梦》是曹雪芹一个人关起门来写出来的。

兔 妈　是不是可以这样说，《三国演义》和《荷马史诗》实际上是民众集体创作的口头文学作品。

羊 爸　是的。所以说语言先于文字产生，在文字系统出现之前，很多文学作品是通过口头语言进行创作和传播的。古时候游吟诗人的语言表达和记忆力都是相当厉害的，他们可以连续说书三天三夜都不重复，脑子里记的东西可以说是海量。口头文学阶段传播者的记忆力是超强的，但自从有了文字之后，很多东西可以用文字记录下来了。

兔 妈　有了文字记录，就不需要超强的记忆力了。俗话说"好记性不如烂笔头"，能写下来就不太有必要记在脑子里了。

羊 爸　是的。我们从讲语言开始引申出这些内容，说到语言是怎么产生的，目的就是要理解语言的本质。语言实际上就是一种声音符号，这种声音符号是为了指示某个事物的。某个特定的事物要通过给它一个声音来指示，以便于沟通交流。

兔 妈　是的。

羊 爸　比较一下中西方的语言，可以发现有很多共通的地方。

兔 妈　有哪些共通的地方，请细说。

羊 爸	我们在之前的对话中讨论过，语言是人用嘴巴对事物的模仿。最早出现的话语就是人用嘴对于具体事物的模仿。举个例子，我们分别用中文和英文说"大"和"小"、"进"和"出"，仔细观察说话者发音的口型，发现两者的口型是很像的，因为他们在模仿同一事物。
兔 妈	好像真的是这样。
羊 爸	最早出现的文字，也是人类用点、线对事物的模仿。
兔 妈	最早的汉字，画一个圆圈表示太阳，画一个圆弧表示月亮。
羊 爸	只是后来文字对事物的模仿形式，西方可能走了另外一条路。西方之所以形成了现在这样的文字系统，是因为地中海的腓尼基人发明了一套字母表，这 22 个字母是模仿人发音时的口部形状的。
兔 妈	腓尼基人是航海民族，他们在悠久的航海生活中，出于某种需要，发明了 22 个字母。
羊 爸	现在世界上最通用的英语有 26 个字母，我猜想它也是从腓尼基的字母表里演变过来的。
兔 妈	但愿你的猜想能得到证实。
羊 爸	所谓字母文字，就是将这 26 个字母的若干个字母组合起来，把字母的声音串起来，形成一个独立的声音单位，用于指示某个事物。
兔 妈	好像是这样的。

羊 爸	字母文字就是这样，首先是人用声音对事物的模仿，然后是用字母对发音口型的模仿。所以字母文字是二次模仿。
兔 妈	也就是说用声音指示具体事物是第一次模仿，用点、线对口型是第二次模仿。
羊 爸	对的。象形文字基本上是一次模仿，就是按照事物的形象把它画出来，再简化成笔画。
兔 妈	就像繁体字简化为简体字，我们现在用的汉字就是简体字。
羊 爸	是的。新中国成立后，汉字的改革曾经考虑过用字母文字方案，后来还是采用了折中的拼音文字方案。"汉语拼音之父"周有光在他的书里就讲过这些。
兔 妈	原来我们上小学学习的拼音汉字，来自周有光提出的方案。
羊 爸	是的。
兔 妈	你讲了这么多，指出了中西方语言文字系统的差异，但我们讨论的主题是知识和技能的教育，是不是离题太远了？让我们回到主题，讲讲知识和技能吧。
羊 爸	好的。在知识出现之前可能是先出现语言，有了语言之后再慢慢产生知识。
兔 妈	也就是说，人类先有语言，后有知识；而不是先有知识，后有语言。

羊 爸　是这样吧。前面讲了这么多，应该把语言的起源讲得比较清楚了，现在讲知识是怎么来的。

兔 妈　好的。

羊 爸　一个人首先是一个生物体。如果把地球上存在的事物分成两大类，一类是生物，一类是非生物。生物是倾向于复制自己的，主动从外界吸收物质，再排出物质，目的是获得能量。生物的活动需要能量，通过吸收物质，进行氧化之类的化学反应获得能量，然后排出废物物质。所以从某种角度来看，生物的特性如下：第一，生物是一个主动、自动的东西，是自主活动的，不是被动的；第二，生物倾向于复制自己，不管是病毒、细菌等微生物，还是人这样的高级动物。

兔 妈　你这个说法高度概括，虽然有点难于理解，但仔细想想你说的的确是事实。

羊 爸　我们讲到人，人已经是非常高级的一种动物了，高级到什么程度呢？如果把人和低等动物去比较，你会发现人的感官系统在所有动物当中几乎可以说是最发达的。比如说蚯蚓就是一个长条，哪边是头哪边是尾都很难分清。把蚯蚓解剖一下，里面的结构也很简单。但蚯蚓是一个活物，它也有初级的感官，如果拿根牙签去刺它一下，它也会有反应。相比你戳一下石头，石头是没有反应的。蚯蚓有反应说明它有感官功能。

从低等生物进化到人，也是感官系统的一个进化过程。有些感官系统，低等动物没有；但低等动物所具有的一些感官系统，人基本上都有。我们讲人的感官，指的是人的感觉系统跟外物进行互动的情况，比如冷热的感觉来自皮肤上的感受器，光滑、粗糙来自皮肤的触觉。

感官的进化过程，可能先是从触觉开始的，接下来是味觉，再接下来依次是嗅觉、听觉、视觉。人的五大感官系统中，最高级的还是眼睛。我们讲人是否聪明，和嗅觉、味觉、触觉没什么太大的关系，聪明两个字就有耳聪目明的意思。狗的嗅觉比人类要强得多，但不能说狗比人聪明。

兔 妈 你讲这个，好像离我们对话的主题有点远。

羊 爸 我们这次对话的主题是知识与技能，为什么要讲这些呢？因为从人的进化角度看，强大的感官系统是知识的基础。人首先要有一套感官系统，才有感觉，才有感知。

兔 妈 请继续。

羊 爸 要把知识说清楚，就要从感官系统开始说。我们不讲触觉，不讲嗅觉，不讲味觉，就讲视觉与听觉。

兔 妈 好的。

羊 爸 比如说我们眼前的这本书，我们用眼睛看，最先看到的是颜色、形状、大小中的哪一个？我告诉你一个答案。最先看到的是颜色，因为如果看到的所有东西都是同一颜色、同一色调的，那么就没有形状了。东西之所以有形状，就是因为这个东西跟别的东西的颜色不一样。所谓的边界就是两种颜色的分界线，由此也告诉了你物体的形状。所以说先有颜色，后有形状。

兔 妈　仔细想想是这样。

羊 爸　大小是靠比较得来的，你说一个东西大一个东西小，只有放在一起做比较的时候才能得出这样的结论。那什么是大，什么是小？大就是超过，小就是不足。那什么是超过，什么是不足呢？这个就是眼睛的直觉，没办法进一步解释了。所以"超过"这个感觉先有，如果一个人连"超过"的感觉都没有，他就没有大小这个概念。

　　　　看任何一个东西，都是先去看颜色，后看形状，再看大小，只是因为我们太习惯了而不自知而已。

兔 妈　是这样的。

羊 爸　知识，追根溯源来自感官系统的感知，最主要的感官是眼睛和耳朵。我们可以通过音响的大小和音调的高低来区分各种声音；我们能通过眼睛看到各种各样的颜色，是因为人类大脑有三种视觉细胞，这个区别于其他动物。有研究表明，狮子、老虎、猫这类动物，只有两种视觉细胞。我们有三种视觉细胞，就能看到三种基本的颜色。

兔 妈　我记得以前的电视机就有三原色的广告语。

羊 爸　意思就是用三种基本的颜色，可以混合出各种各样的颜色。

兔 妈　原来是这样。

羊 爸　我们通过眼睛、通过视觉去感受外界的东西，也就是说我们要看到一个东西。能看见一个东西，主要是光线的作用。我们的眼睛是通过光线看清楚东西的，没有光线就看不见任何东西。

兔 妈　宇宙中的黑洞吞噬了一切东西，包括光线，所以看不见。

羊 爸　你看到一个东西，在头脑中应该会形成一个相应的东西，就像你在沙地踩上一脚就有一个脚印一样。同样道理，看到一个东西，这个东西在你的脑袋里面就留下了一个迹象，这个迹象就是印象。但一个东西看了很多次之后，比如说看苹果，看各种各样的苹果，看多了之后，脑子里的印象就会不断地进行平均化加工。平均化就是把琐碎细节去掉，之后就得到了一个标准化的苹果的形象。相当于在脑子里不断盖印，盖一千个一万个，盖出来就是个平均数。

兔 妈　平均数？

羊 爸 这个平均数是什么呢？就是印象经过大脑处理之后形成的一个表象，这个表象实际上就是人脑对看到的东西加工形成的独特产物。有一个表象还不够，因为表象在你的脑子里，怎么表达出来让他人知道呢？有个办法就是通过声音，以苹果为例，英文就是"apple"的发音，中文就是"苹果"的发音。

兔 妈 原来是这样。

羊 爸 你脑子里面想到一个苹果表象，然后你发出来一个"苹果"的声音。一个表象同一个声音符号——也就是名称，结合在一起，就是一个观念，当然这是人脑中最初级的观念。

兔 妈 此后人脑中还会生成高级观念。

羊 爸 是的，这个以后再讲。

从具体事物到印象，再到表象，再通过某个声音符号和表象进行连接，就得到了一个观念，当然这是人脑得到的最初级最简单的观念。你对一个从来没见过苹果的人发出"苹果"这个声音，他根本不能理解，因为他没有见过苹果，在头脑中没有苹果这个表象，即便你发出"苹果"这个声音他也理解不了。所以人与人之间沟通要有一个共同的基础，苹果的发音就相当于一个中介，两个人的头脑当中都有苹果这个表象，然后通过发出"苹果"这一声音进行沟通。

兔 妈	嗯嗯。
羊 爸	这里还要讲一点。我们说语言就是名称，名称就是声音符号。我们不是看到每一个苹果都起一个特别名称，而是看到所有的苹果都称为苹果，这说明什么呢？一个名称，它不是针对某一个个体的，而是针对一类个体。那怎么会这样呢？
兔 妈	我不知道，但我很愿意听你解释。
羊 爸	你想过没有，如果说给看到的每一个苹果都取一个名称，那名称是不是太多了？是不是太繁琐了？某个时间，地球上的苹果数量虽然是有限的，但数量却是巨大的。
兔 妈	是这样，给每一个苹果取一个专有的名称，似乎没有这个必要。
羊 爸	是的。那么最好的，也就是最省大脑能量的办法是，干脆给这类东西一个统一的名称，用一个名称就可以指称几乎无限多的实物苹果。
兔 妈	确实这样最好，这是一个很经济的办法。
羊 爸	用一个名称指称几乎无限数量的一类事物，这是语言的一大特性。
兔 妈	我同意。
羊 爸	让我进一步解释。现实中，如果身边的事物对自己的生存生活有用，或者对你特别重要，你就会给它一个

独特的名称，反之则不会给一个独特的名称。

兔妈 请举个例子。

羊爸 对地球上任何时代、任何民族来说，白天天上有个太阳，晚上有个月亮。世界上任何一种语言，指称天上的那个东西都有一个专名，中文是太阳和月亮，英文是 sun 和 moon。

兔妈 是的。但自从人类有了高深复杂的天文学之后，天上的那个东西可以用恒星和卫星来指称。

羊爸 恒星和卫星是类名。

兔妈 请再举一些身边的例子。

羊爸 如果说你养了十只羊，你一般不会给每只羊都取个名字，但如果你养了十个孩子，你肯定会给每个孩子取名。我们看到外面的绿地通常就说是草，草实际上只是一个通称。草的品种很多，对植物学家来说，每种草都有一个名称，因为对他们来说研究草是有意义的，而对普通人来说那么多种类的草没有意义，所以就不会给它一个特有名称。

兔妈 是这样。

羊爸 所以给事物取名，其实也有这种效用角度的考虑。如果这个东西对你无关紧要，你就不会给它取个特别的名称。因为人脑的记忆单元是有限的，记住对你最重要的东西是最好的选择。人本来是个能量体，对人来说，能量是有限的、稀缺的，因此人自然会想方设法用最少的能量去表达这些东西。

兔 妈 你这个说法有点抽象，但是我大致可以理解并认可。

羊 爸 以上所说的名称，属于语言这个范畴。名称和表象加在一起就形成了一个观念。观念要传达到另外一个人，另一个人头脑中肯定要有表象，没有那个表象，观念是没办法传播过去的。只有你头脑中有了这个表象，你才知道我说的是什么。

兔 妈 你发出"苹果"这个声音，我就会想到苹果，而不会想到橘子。

羊 爸 是的。表象是从视觉来的，我们前面讲过它是像盖印一样在大脑中留下迹象的。实际上声音也是一样的道理，声音在头脑当中也会留下这种迹象，你会记住不同的声音。

兔 妈 原来是这样啊。

羊 爸 《红楼梦》中王熙凤出场的时候"未见其人，先闻其声"，通过声音就知道王熙凤来了。声音与表象在人脑中进行连接，再用说的方式把这个连接表达出来，这就是一个观念的表达，一个语句。

兔 妈 有点不理解。

羊 爸 表象是人脑加工的结果，名称实际上也是人脑加工的结果。各种声音听多了之后，人脑就会把声音也拆分成各种各样的要素，我们听到的声音已经是经过耳朵和大脑过滤后的结果。人类能听到的声音有个频率范围，超出一定声波频率范围的声音是听不到的。

兔 妈　是的。辨别不同声音的能力是很重要的。

羊 爸　我接下来又要引出另外一个东西——概念。从观念到概念，又是人类进化历史上的一个飞跃。概念实际上就是从观念当中再概括提升出来的。概念的形成，实际上是人脑的一种创造。

兔 妈　概念这么重要啊。

羊 爸　一个人一旦形成了一个概念，脑子里就会多出一个东西，这个东西是自我生成的，不是外界塞进去的。人脑像一座工厂，有些工厂能生产出各种各样的产品，有些工厂只能生产某几样产品。同样的道理，不同的人的头脑形成概念的能力是不一样的，有些人能形成某些概念，有些人就是不能。总之，概念是一种自我生出的，不是外界灌入的东西。

兔 妈　哦。

羊 爸　真正好的教育，不是在你的头脑中安置一个什么东西，而是帮助你在头脑中形成一个东西。西方教育鼻祖苏格拉底说过，知识不是他教的，而是学生自己产生的，他说自己只是一个知识的助产士。

兔 妈　苏格拉底确实这样说过。

羊 爸 人脑中某个概念孕育完成之后，如同胎儿一样，要把它生出来，成为一个独立的东西。教师的任务就是帮助把这个概念生出来。而且这个概念一旦生出来之后，就会一直存在于你的头脑中，除非大脑细胞受伤了或者死了。但是如果生不出来，那就没有这个概念。这样看来，与其说苏格拉底是知识的助产士，还不如说是概念的助产士。

兔 妈 你还发展了苏格拉底的说法啊。

羊 爸 我们看看小孩的成长经历就可以知道了。小孩初学数学这门课的时候，如果大脑发育阶段还没有形成数量的概念，那怎么教都是教不会的；一旦数量概念形成了，就很容易教会。大人教小孩，经常有这样的情况，比如一道数学题对大人很简单，小孩却不会，其实是错怪了这个小孩。因为这个时候孩子头脑中还没有形成数量的概念，大脑发育还没到达一个高级阶段。之前教三天都教不会的数学题，当数量概念形成之后，三秒钟就教会了。

兔 妈 我相信很多家长都有这种体会。

羊 爸 所以现今中国社会，有些人大力推行早教或者提前教育，真的是揠苗助长。这样做很可能会抑制小孩大脑中某些重要部位的生长，甚至让其大脑正常发育的轨迹发生改变。

兔 妈　果真是这样的话，对小孩的健康成长是很不利的。

羊 爸　人与人在概念生成能力上有差异，教育的任务应该是起助产的作用，帮助某个人生出越来越多、越来越高级的概念。

兔 妈　请举个例子。

羊 爸　好的。譬如，我说苹果，那么你的头脑中马上会回想起你曾见过的一个具体的苹果，红色的、圆的、光滑的；我说香蕉，则是弯的、黄的；我说橘子，则是橙色的、扁圆的。苹果这个名称指的是某个具体的实物，人身之外的一个东西，你用这个名称来指代。但是有些词，比如水果，就不是一个初级简单的观念，它是在初级观念之上加工的结果，就是概念。这个概念和苹果指示的东西不一样，只存在你的头脑中，不存在于外部世界。

兔 妈　原来是这样。

羊 爸　水果是看不见摸不着的，如果让你画个水果出来，你是画不出来的，画个苹果是可以的。因为水果是一个抽象的概念，没有形状也没有颜色，甚至没有大小，它只是一个各种性质物体的集合体。这种概念是怎么加工出来的呢？它是从其他的观念当中抽出来的。

兔 妈　这个是人脑的抽象加工能力。

羊 爸　我们前面讲过，观念是一个表象再加上一个声音（名称），每一个观念指示着一个事物。

兔 妈　　前面你讲过的。

羊 爸　　苹果实际上有很多性质。事物的性质各种各样，但是大致可以分成三大类：第一类是所有事物都有的性质，叫通有性质；第二类是共有性质；第三类是特有性质。外物通有的性质是颜色、形状和大小。而苹果、香蕉和橘子既有通有性质，也有共有性质。我们把这种区别于其他种类的性质提取出来，如它们的共有性质就是水分多、有甜度等，我们就把具有这类性质的东西归类为水果。

　　　　水果这个概念，没有颜色、形状、大小，它只是由水分多、有甜度等性质组成，而这些性质对应的概念就是水果。

兔 妈　　听起来有点复杂啊。

羊 爸　　概念是怎么从简单观念中提炼创造出来的？比如说我们讲花生、核桃、开心果，这类东西的共有性质是坚硬，在此基础上提炼出坚果这个概念。坚果和水果一样，没有颜色、形状、大小，只是一个概念。把水果和坚果再提升一级概念是什么呢？就是果实。因此果实是一个比坚果和水果更上层的、抽象的概念，你没有办法画出果实这个概念。

兔 妈　　哦哦，我有点晕了。

羊 爸 你有没有发现，身外的万事万物几乎是无限的，相应的观念数量是巨大的，概念数量也是巨大的。但是文字是有限的，特别是字母文字。用数量有限的文字表达无限的万事万物，表达数量巨大的观念概念，为什么会出现这种情况呢？

兔 妈 怎么会出现这种情况呢？

羊 爸 这是表达的效率需要使然。

兔 妈 省力、省能量、高效、经济，好方法。

羊 爸 "果"和"实"这两个字，很早就出现了，起初只是指向某个具体事物。但果实这个词所指向的背后的概念，是后面才生成的。一个孩子在成长的过程中，肯定是先认识苹果、香蕉这样具体的东西，之后才能理解抽象的东西。在他具有抽象概念之前，跟他说水果、果实，他就理解不了。

兔 妈 是这样。

羊 爸 我们现在通过举例把概念说清楚了，而且概念是自我产生出来的，外界没有办法塞入。外界只能通过教育手段，助力人脑产生概念。

兔 妈 是这样。

羊 爸 讲清楚了概念之后，我们就可以讲什么是知识。

兔 妈 那么什么是知识呢？

羊 爸 知识首先就是人脑中的概念跟外物之间建立的一个连

接，其次是概念之间的一个连接。

知识就是概念的应用。举个简单的例子，把一个东西（苹果）放在一个小孩的面前，这个东西他看过、吃过，父母也教过他这个东西叫什么，你问他这是什么，小孩能答出是苹果。小孩的这句话对应的是他头脑中的概念和这个苹果的连接。但这种知识是初级知识，更高级的知识是人脑之中概念之间的连接。

兔 妈　概念之间的连接，能否举例说明？

羊 爸　概念之间的连接，对应的就是一种抽象语句，这些语句的集合，就是一种纯理论。这个就不举例子了，以后有机会再谈。

兔 妈　好的。

羊 爸　总而言之，知识实际上就是一种连接，可以说没有连接就没有知识。

兔 妈　如果连接错了怎么办？

羊 爸　错了就不是知识，而是谬误。

兔 妈　哦哦。

羊 爸　我们从感官出发，到表象，到概念，一直到达知识，对应的是人类缓慢的进化过程；也对应一个人从出生到成人的整个成长过程。人类最初用声音来指示事物，然后用文字来指示事物，同时人脑在不断地加工和构建，从底层的印象和表象系统，再到观念和概念系统。

兔 妈　好像是这么回事。

羊 爸　人脑是一个系统，也是从低级到高级这样进化。从最初的记忆，再到想象，最终发展出了抽象思维能力。

兔 妈　还有归纳、演绎等推理能力。

羊 爸　是的。我觉得人与人之间最大的差异不在身体高矮、体重大小等，而在大脑；每个人的大脑之间的重量差异也许并不大，但神经元的突触和连接的差异很大，只是目前的科学对大脑进行活体研究是很有限的。

兔 妈　特斯拉 CEO 埃隆·马斯克不是搞了一个脑机接口公司吗？

羊 爸　是的。人脑是最重要的人体器官，对它的科学研究自然是最难的。

兔 妈　这不但是一个科学探究的问题，也是一个伦理的问题，自然很难。

羊 爸　让我们继续谈谈知识。我们说知识是概念的应用，是概念和外界事物的连接，以及概念和概念之间的连接。

兔 妈　这个说法你重复了好几次了。

羊 爸　不好意思，我有点啰唆。
　　　这对我们当今的教育有什么启示呢？教育的本质不是灌输，而是让受教者的大脑进行自我生产、自我创造、自我构建。外界只是助一把力，人脑要自己产生观念，产生概念，产生概念之间的连接。概念生成之后，成为思想的工具，用以指示和处理人体外界的事物。

现今中国，学校的课堂教学通常以集中式的授课为主，但是每个学生对教学内容的反应不一样，速度也有快慢。而教育应该是一种提示、一种启发、一种助力，这种助力是通过苏格拉底式的对话来完成的。对话是最好的教育方式。

在一个人数比较多的班级里，教师一个人同很多人对话是很难的，班级越小，对话的机会越多。一对一或者小班的课堂形式对话效果最好，大班很难进行对话，因此小班的教育效果最好、最明显。

如今学校教育存在一个问题：对话式教育很少，基本上是广播式教育。先是老师讲课，紧接着就是学生做题，最后是考试。在这样的教育体系下，如果一个孩子想学得好，他就需要主动地找老师找同学，去提问请教等。

最重要的是，一旦学生形成了自问自答的能力，他就能自我启发，不再完全依靠外界的教育启发。

兔 妈　也就是说他有了自我学习的能力。

羊 爸　是的。有了自我学习的能力，他就能终身学习了。

我们接着前面讲，教育的本质可能就是对话。一个人先是在家里通过亲子对话学习，然后在学校里通过师生对话学习，最后通过自我对话学习。

兔妈 养成自我对话的能力，养成自我学习的能力，是多么重要啊。

羊爸 是的。我再次强调，对话的方式有助于头脑中概念的生成。

教育的作用，是一种助力或者支持，帮助学生在头脑中建立概念。概念是自我生成的，外界只能给予启发或者助力，而启发和助力最好的方式就是对话。一开始可能是亲子对话、师生对话，之后有些人可能会养成自我对话特别是自我问答的习惯。自我问答对话很像自我教育。

兔妈 是的，自我学习，自我教育。

羊爸 我们就这样把知识和教育联系在一起了。对话式的教育是最好的一种教育。

兔妈 你把对话放在空前重要的位置了。

羊爸 我们还可以扩展出去谈谈。

兔妈 请讲。

羊爸 所谓的思考，本质上是一种自我对话。什么是对话？对话就是你说我听、我说你听。说什么呢？说事情，说句子，说词语。

思考就是脑子里的对话，而且是问答式的对话，有一问有一答。当然，我指的对话不是"今天天气不错"这样的闲聊。

一个人在写作的时候，应该有一个脑内对话的过程，边问边答。好作文的写作过程就应该是这样的。但现在很多作者只有材料的归纳整理能力，缺乏思辨和问答的能力，因此他们写的文章缺乏思想性，我们也说这种作者没有自己的思想。

兔 妈　这是一个普遍现象。

羊 爸　关于知识，我们还可以多谈一些。如果说最早形成的知识是数学知识，那么最早形成的概念就是几何概念和数量概念。人类的知识体系大厦是建立在数学这个学科的基础上的。最早的数学包括算术和几何，算术是关于数量的概念，几何是关于形状的概念。以前我们对这二者可能不太重视，实际上数量概念的形成是非常重要的，如果一个人的头脑中无法形成这种概念的话，就很难说这个人具有理性。

兔 妈　没有数量概念，就缺乏理性？很多人不同意这个说法。

羊 爸　我只是提供了一个说法，供他人参考。

兔 妈　这个可以。

羊 爸　你知道数量概念是怎么形成的吗？我这里提供一个说法。人类从四肢行走进化成直立行走，再后来从狩猎经济走向农耕经济，而农作物的收成跟气候相关，气候跟季节相关，那季节跟什么相关呢？跟天体相关。

人类直立行走之后，视野一下子开阔了，还能够轻易举头仰望天空。古人发现了天体与季节、气候、农作物收成之间的关系，所以天文学的发展也是出于实用的角度。人类抬头仰望天空，发现白天是一个太阳，晚上是一个月亮。这时人的脑子里就慢慢形成了"一"这个数量概念，以及跟"一"相对的"多"的概念，然后多的概念又分化成二、三、四、五……

人类有两只手，十个手指头，也就有了十个数字。

兔 妈　是的，数学采用十进制不是随意的，而是自然的。

羊 爸　我们再讲讲时间概念。

兔 妈　好的。

羊 爸　时间和数量的概念，哪个先出现，哪个后出现呢？应该是先有数量概念再有时间概念。天体运动的数量化表达实际上就是时间。一天、一月、一年这种表示时间的词都是跟天体相关的。人类仰望天空，看到天体之后才形成数量的概念，有了数量的概念之后才有了时间的概念。

兔 妈　我觉得在数量概念形成之前，应该先有空间感觉（直观）和运动感觉（直观）。

羊 爸　是啊，你做了一个很好的补充。

如今，可能大多数教育工作者仅仅把数学当作一个计算工具，而我认为数学从某种意义上说是理性的基础。如果头脑中没有数量与形状的概念，就很难生成其他更多的概念。数学概念的形成是人脑最早的抽象能力的结果。

兔 妈　有人说，科学之母是哲学，哲学之母是数学。

羊 爸　我认同这个说法。

我们从知识的起源讲到概念，最早出现的概念是数量概念和点线面体等几何概念，这些概念构成最早的数学理论。也可以说，数学知识是其他知识的起源。

兔 妈　我也认同。

羊 爸　我还注意到一个关于思想习惯的社会现象。

现今大多数人的思想习惯偏向于具体的经验，对抽象的概念思考得比较少。尤其是高度抽象的概念，人们更是不够重视。这种高度抽象的概念，一定是从最底层的低级概念一步一步地抽象推理出来的。只有知道了这个推理过程，才可以更好地理解这些高度抽象的概念。

兔 妈　对高度抽象概念的重视，就是仰望天空；对具体经验的重视，就是脚踏实地。

羊 爸　是的，既要脚踏实地，又要仰望天空。

知识这部分就讲完了，接下来讲讲技能。

羊 爸 前面我把知识这个主题讲得相对比较清楚了，相信你听了之后能够获得比较真切的理解。

兔 妈 我受到了很多启发。

羊 爸 接下来让我讲讲技能。

兔 妈 好的，先讲知识，后讲技能。

羊 爸 几乎所有人都承认，技能一般要以知识为基础，没有知识就谈不上什么技能。

兔 妈 是的，你可以举个例子。

羊 爸 如今移动互联网时代，手机上所有的应用软件都是码农（软件编程人员）编写的。这些码农只有学习了电脑语言的知识之后，才能编写软件。

兔 妈 是这样，但用手机的人一般不会在意 App 怎么来的，只关注它是否好用。

羊 爸 是这样。如果我们把技能和知识分开来讨论，思考它是怎么来的，也要像探寻知识一样，追根溯源一回。

兔 妈 让我们继续吧。

羊 爸 人是一种生物，生物的本性就是要生存、繁殖。人作为一种高级动物，能力（动物机能）很重要。

兔 妈 自然界的动物，各有各的能力，鸟有飞翔的能力，鱼有水游的能力，兽有四肢行走的能力。

羊 爸	说得好。自然界任何一种动物都面临着生存环境的威胁，每种动物必然处于食物链的某个环节，它既要猎食，又要防止被猎，而且它还要面对同类之间的竞争。说得更明白一点，一种动物既会受到来自食物链上端的威胁，同时又要和同类竞争，还要从食物链下端获取食物，以此生存下去。
兔 妈	是的，竞争法则是生物界的根本法则。
羊 爸	人类也面临着几乎同样的生存环境，只是人类进化到某个阶段之后，处于食物链的顶端，面临其他动物的威胁相对比较少。在原始社会时期，人类是要面对狮子老虎之类猛兽的威胁的。现代社会中，人类基本上没有被猎的危险；同时人类驯化了很多植物和动物作为其食物。
兔 妈	有本好书，《枪炮、病菌与钢铁》讲到了驯化动植物对人类的巨大影响。
羊 爸	是的。问题是，人类消除了来自动物食物链顶端的威胁，同时控制了食物链下游，但同类之间还是有激烈的竞争。
兔 妈	你说的是事实。
羊 爸	生存竞争中的赢家可以更好地生存下去，繁衍更多后代，而输家最多只能自保。
兔 妈	纵观人类历史，失败者要么被杀，要么被当作奴隶。

今天发展到败者失去财产，但能保留人身自由，是人类文明的一大进步。

羊爸 是的。实际上，今天的人类社会也受竞争法则主导。人要好好地生存，一定要有能力，或者说技艺、技能。

兔妈 我想这是人人都知道的道理吧。

羊爸 通过考察人类的进化史，可以发现技艺的发展也是阶段式地提升的。

兔妈 愿闻其详。

羊爸 如果人类祖先没有进化为直立行走，前肢没有进化为手，那么人类的生存环境也许和其他动物差不多。但人类一旦进化为直立行走，前肢进化为双手之后，就可以练就很多技艺。简单地说，从旧石器时代、新石器时代到青铜时代，人类所使用的无论是生产工具，还是军事武器，都是用手制造的。

兔妈 好像是这样。

羊爸 从这个方面来说，人类一旦有了双手就有了技艺。

兔妈 人类有了手就有了技艺，凭技艺制造了工具，有了工具就有了更高级的技艺，人类的技艺就是这样不断精进的。

羊爸 是的。人类族群的早期阶段以采集、狩猎为主，狩猎需要工具，而工具就是用双手制作出来的。但凡说人有技艺，基本也就意味着他在使用工具，而不是徒手。

兔 妈　技艺和工具密不可分。

羊 爸　关于工具的技艺包括两方面，制造工具和使用工具。比如用竹子制作竹矛是一种技艺，竹矛的好坏体现技艺的高低；用竹矛去打猎，是另一种技艺，猎物的多少体现技艺的高低。所以说技艺和双手有关，和工具有关。

　　　自从人类有些族群开始驯化并种植谷物，人类慢慢地进入农耕时代；自从有些族群开始圈养某些动物，驯养动物，人类渐渐地进入畜牧时代。

兔 妈　请继续。

羊 爸　我们知道，农业的发展离不开农具，离不开牲畜。挖沟引水需要铁锹，翻土需要锄头，耕田需要借助牛马。

兔 妈　也就是说，农业技艺离不开农具和牲口。

羊 爸　是的，制造农具、驯养动物都需要技艺。

　　　继农耕社会之后，人类社会进入工业时代，虽然中间有一个时期很长的农牧和手工业并存的时代——作为一个知识和技术积累的时代，一个过渡的时代。

兔 妈　在中国，手工业时期的生产单位是作坊、工场，工业时代的生产单位是工厂。

羊 爸　相对作坊，工厂的特征是机器化的大规模生产。

兔 妈　以上海的现代工业为例，最早的工厂应该是机器面粉厂和机器纺织厂吧。

羊 爸	是的。上海民族资本家荣氏家族，就是从面粉厂和纺织厂发家的。
兔 妈	这些和我们谈论的技能主题有什么关系呢？
羊 爸	当然有啊，不过不是直接的关系，而是间接的关系，一般人很难看出来。
兔 妈	请你讲讲。
羊 爸	所有历史书都承认，现代工业革命源起于英国，标志性的事件是瓦特蒸汽机的发明。
兔 妈	是的。
羊 爸	你想过没有，如果没有牛顿的力学、物理学，如果没有热能机械能转换的物理学，如果没有金属冶炼化学，瓦特能发明蒸汽机吗？
兔 妈	应该不能。
羊 爸	所以没有新知识的发现，没有新技术的进步，新机器、新器具的发明是不可能的。
兔 妈	新的技艺就不可能出现。
羊 爸	是的。社会是这样，作为个体的人也是这样。每个人都应该学习知识、学习技术，不断实践，练就新技能。
兔 妈	是这样。
羊 爸	钢铁铜铝是工业机器的重要金属材料，这里我说说金属。
兔 妈	希望不要跑题太远。

羊 爸　好的。金属是一种重要材料，人类文明的历史，也就是发现各种金属、应用各种金属的历史。

青铜时代为什么那么重要？青铜是铜和锡的混合物，锡这种金属熔点很低，特点是很软、可塑性很强；铜看着像黄金，硬度比黄金高点，但不是很硬，且会生锈。当人们把铜和锡按照一定比例混合的时候，青铜就出现了。青铜的特性和这两种金属完全不一样，它的特性是坚硬无比，不容易生锈，可以保存很久。

兔 妈　原来是这样。

羊 爸　所以青铜时代从某种角度来说是青铜武器的时代。一旦某个族群掌握了青铜的冶炼技术，用青铜制造出各种武器和生产工具，这个族群的技艺和工具就将获得大幅的提升，这个族群也将成为一个胜利的民族、统治的民族。

兔 妈　你这个说法有待考证。

羊 爸　但愿我说得没错。

从青铜时代发展到钢铁时代，是因为钢铁的性能比青铜更优越，钢铁刀剑比青铜刀剑具有更强的杀伤力。当然，钢铁的冶炼技术比青铜难多了。

兔 妈　是的。

羊 爸　我们现今这个时代，已经演进到了一个石油化工材料的时代，一个电力的时代，一个半导体硅料的时代，一个晶体管集成电路的时代，一个人工智能的时代。

兔 妈　是的，你这是宏大叙事啊。

羊 爸　哈哈，不好意思，让我们回归主题。

兔 妈　好的。

羊 爸　如果我们对技艺进行分类，可以遵循划分事物的一个基本方法，就是一分为二法。把事物分为数量大小较为相当的两个部分，比如天和地、动物和植物，植物里又分为草和木，诸如此类。

兔 妈　你这个分类法很好，柏拉图的一本书里好像提到过。

羊 爸　是的，我的知识都是向前人学习来的。

　　　人的技艺基本上可以分为两种，第一种叫制造（生产），第二种叫占有。制造的概念就是把物质（原子分子）进行重塑或重组，产生一个新的东西，比如把一块铁铸成一柄剑或者一把刀。占有的技艺又可以分为两类——交换和控制（强占）。比如说我想要一个东西，但我自己造不出来，一种方法是通过交换获取，还有一种方法是通过抢劫、偷盗、索要获得。前者是交换，后者是控制。

兔 妈　你这个说法很古怪，但听起来有点道理。

羊 爸　如果你仔细想想，会觉得很有道理。

兔 妈　哈哈。

羊 爸　交换术是非常重要的技艺，到现在为止还是这样，一般人称其为生意经，做生意就是交换的技艺。一个人想获得各种各样所需的好东西，最好的方法就是交换，因为交换是双方自愿的。而控制就不一样了，打猎、战争，实际上都是控制。战胜方消灭或者控制了战败方，获得战败方的一切所有物。

兔 妈　好像是这样。

羊 爸　当今世界的主流趋势，人们要获得想要的好东西，主要是通过交换的方式达到占有的目的。

兔 妈　哦哦。

羊 爸　经济全球化背后的深刻原因，就是倡导交换而不是控制。

　　　　纵观人类历史，一开始大量财富的获取基本上靠抢夺、战争等手段，而不是通过交换贸易。所以人类的整个文明史某种程度上可以说是战争作为占有方式慢慢退却，交换手段慢慢占上风的历史。

　　　　让我再重复一下，技艺有两种，制造和占有。占有又可以分为交换和控制，交换是很重要的。对人类来讲，或者对人来讲，实际上最重要的两种技艺，一种是竞争技艺，另一种是交换技艺或者说商业技艺。国与国之间要么就是贸易，要么就是竞争。

　　　　你要生存且生存得好，需要很多好东西，这些东西的获取，要么通过自己制造，要么就通过抢、偷、骗，要么就通过交换。现在看起来，还是交换比较好。

兔 妈 哦哦，你这个说法太武断了吧。

羊 爸 我们今天讲教育，作为个人来讲，应当学习什么样的技艺呢？我相信现代社会中，越来越多的人要学会制造和交换的技艺。

交换是社会通行的普遍现象，控制是少见的现象。如果不是战争期间，人们一般不认可基于暴力行为获得物品，比如抢劫被公认是犯罪。在法治社会，人们想获取物品，必须通过自愿的方式交换。

兔 妈 在市场里买卖任何东西，都是自愿交换的行为。

羊 爸 不过，人的本性还是要竞争的，不管是良性的竞争，譬如市场交易、体育比赛，还是恶性的竞争，比如打斗、战争。我觉得解决竞争最好的手段还是交换，通过交换满足各方所需。

兔 妈 是的，人们总是厌恶欺骗、偷窃、强夺，喜欢自愿交换。

羊 爸 让我们继续谈技艺。现代社会中的所有技艺基本可以分为金字塔结构的三层，人数最多的下层人群掌握的是生产技艺，中层少部分人掌握的是商业技艺，上层极少部分人掌握的是治理国家技艺。

兔 妈 是这样的。从历史上看，工匠是大多数，商人是少数，王侯将相是极少数。

羊 爸	一个国家培养人才，要依照个人先天禀性，对这三个层面的人都要培养。
兔 妈	是的。
羊 爸	一个人受教育是为了学习知识和技能。技能离不开知识，要学某一种技能就要学相应的知识。技能，也就是我刚刚讲的相对人类技艺的个人技能。
兔 妈	技能通常指向某个人，技艺通常指向某个行业，譬如军事技艺、政治技艺。
羊 爸	这里我对艺术和技术做一个区分。人们经常把艺术和科学做对比，我觉得把艺术和技术进行对比更为合适。技术针对无生命的对象，艺术针对有生命的对象。比如我们说园艺师，而不说园技师；我们说造车工程师，而不说造车艺术家。当然，汽车设计的美感方面，可能就属于艺术的范畴，跟生命有关，存在审美对象，也就是有人的因素在里面。
兔 妈	艺术对应技术，那么科学对应什么呢？
羊 爸	如果真的要一个合适的词语的话，科学对应艺术学。
兔 妈	哈哈，有点意思。
羊 爸	我们通常说培养孩子的知识和技能，更多关注针对无生命事物的制造技术方面，这也同现代社会的经济结构有很大的关系。除了农业生产外，社会上的大部分职业都是制造的职业，都是提供商品和服务的职业。

绝大多数从业者，需要通过这种提供商品和劳务的技能来获取薪水。

兔妈　是的，城市里大多数人在工厂或者写字楼里工作。

羊爸　但是作为一个国家领导者，就需要考虑通过教育培养各种各样的人才，来实现国家富强。比如要保卫国民免受外敌侵犯，就需要掌握战争技艺的将才；要让国民实现富裕，就需要和别的国家进行商品贸易，就需要掌握商业技艺的经营商才；要开办工厂发展制造业，就需要发明家、工程师，就需要开创一个行业的企业家人才。因此，国家对这三方面技艺的人才都需要进行培养。

兔妈　对一个国家而言，是这样的。但对一个家庭，该怎么做呢？

羊爸　作为家长，最好按照孩子的天性倾向去培养他，即所谓的因材施教。同时也要考虑时代的特殊性，每个人在社会上从事什么样的职业，都有偶然的因素。法国大革命时期，拿破仑的上司卡尔托曾经是个画家，因为法国大革命偶然当了将军。正是这个画家将军不愿意指挥军队，把指挥权委托给了军事院校出身的拿破仑，才有了拿破仑发挥其军事天分的机会，这样的事真的太有戏剧性和偶然性了。

兔妈　既要考虑孩子的天赋，又要考虑时代需要这个因素。

羊 爸	人的技艺往往离不开时代的特殊性对他的限制。有读书天分的人遇到战争年代，真是有苦说不出，天分再高也没什么大用；但是生为将军材料的人在战争年代就能叱咤风云，尽情发挥天分。同样，商业技能只有在和平年代才能发挥得最为出色。所以人生职业具有很多偶然性，不完全取决于自己和父母的期望。
兔 妈	是的。
羊 爸	总体而言，父母的期望还是要把和平社会作为长期的预期假设前景。因为在社会不稳定的世况下，谁都不知道明天会是什么样子。另外，人人都希望和平，但是战争可以不存在，竞争却不会不存在。
兔 妈	人可以不生活在战争中，却不可能生活在没有竞争的环境中。
羊 爸	如果竞争不存在，人类就停止进化了。而从古至今看下来，进化是无止境的。如果说进化有止境，那么人类真的可以进入大同社会。
兔 妈	是这样吗？
羊 爸	因为如果人与人之间没有差异，力量相等，个体之间没有优势可言，那么争斗是没有输赢结果的。
兔 妈	如果这样，人类社会真是个完全的和谐社会了。
羊 爸	繁殖生物总有竞争，这是由生物的本质本性所决定的。生物的本性就是不断繁殖，直至外界力量阻断它。

如果允许一直繁殖下去，直到无穷大……但是，这是不可能的。因为地球资源是有限的，地球上碳、氧等一百多种元素或者各种原子的数量是有限的，总不可能一个物种占领了整个星球吧。

兔 妈　应该不可能。

羊 爸　由此可以推论，人类追求和平，不是追求无竞争的和平，而是追求良性竞争前提下的和平。

人与人之间的争斗，最开始是肉体上的杀死消灭，后来变成不消灭但是进行人身控制——失败的一方投降，甘愿为奴隶。再后来，失败的一方割地赔款，俯首称臣。

最文明的社会竞争方式，是结果仅仅体现在金钱上的竞争。输家损失的是金钱，赢家得到的也是金钱。

进入金钱时代，是人类文明的一大进步。在这之前，人与人之间竞争的结果是以失去生命和自由为代价的，非常残酷，而现在竞争的结果变成金钱的损失和得到，社会相对而言还是和平与文明的社会，人人都有生存机会，竞争力相对差的人也有希望得到温饱维持生存。

兔 妈　你这个说法正确吗？我深表怀疑。

羊 爸　你想想看，宁可保留生命和自由，放弃金钱，是不是人性使然？你就当作是我一家之言吧，希望有百家之言来争鸣。

兔 妈	哈哈。
羊 爸	我觉得追求差异化是人的一种本能。尽管有些人的社会理念是追求大同，但是要知道，人不是为追求差异化而差异化的，差异化是竞争的结果，有竞争才有差异化。差异化是一种优势，是维持自身生存的手段。
兔 妈	差异化既是竞争的手段，也是竞争的结果?
羊 爸	是的。实际上人类这个物种的传承，最重要的还是基因的传承，其次才是财富的传承。财富是为生命服务的，而不是相反。财富可能是基因传承筛选的标准条件之一。富人之所以有很多财产，是因为他有竞争力。一个人竞争力强大，首先是他天分独具（有良好的基因），其次是他受了良好的教育。
兔 妈	先天天分和后天教育，哪个更重要呢?
羊 爸	这个真的很难判断，两者缺一不可。不过从人类的进化趋势来看，教育越来越重要了。
兔 妈	对一个家庭来说，孩子的天分（DNA）是不变的，不能修改基因代码，教育却是可以选择的。
羊 爸	是的，这个就是教育被普遍重视的原因。
兔 妈	打下天下者肯定是优秀者，守天下者不一定是。
羊 爸	是的，看看中国几千年来王朝更替的历史就可以得出结论。
兔 妈	是啊。

羊 爸	我觉得要创造公平正义的社会，就不应该提倡财富的继承，而应该注重财富的创造。
兔 妈	我们的主题不是如何建设一个好社会，而是何为良好教育。
羊 爸	谢谢提醒。让我回归主题，讲讲技艺。人才就是拥有技艺的人，国家要培养人才，父母也希望自己的孩子成才。成为什么样的人才，既是自己的选择，也是时代等各方面影响的结果。当今社会，什么样的人是人才？就业可以是一个标准。如果一个人具有很多技能，可以选择的就业岗位很多，他可以选择一个高薪的职位，这个人应该算是人才。
兔 妈	是的。
羊 爸	技能当然以知识为基础，但是光有知识不够，还要有经验。经验就是对经历的过程中遇到的所有事件，能总结出一些规律来。知识加经验，再加一些判断力，就变成了技艺。
兔 妈	什么是判断力？怎么提高判断力？
羊 爸	在我看来，判断力来自知识和勇气。
兔 妈	很多人缺乏判断力，就是因为害怕出错。没有判断就没有对错，有判断就有错的可能。人们总是害怕出错，因为出错意味着危险，意味着风险。
羊 爸	是的。不怕犯错，需要勇气。

兔 妈	什么是勇气？如何提升勇气？
羊 爸	这个下次再讲吧。
兔 妈	好的。
羊 爸	判断力之所以重要，是因为判断很难。数学计算不难，只要根据公式运算，就能得到确定的结果。而判断有不确定性，特别是对于未来的判断更难。规律虽然是永恒的，但是事物在这些规律的作用下所造成的结果，因为时空的关系，可能是各种各样的。未来的可能性有很多，但只有一种可能性会成为现实。
兔 妈	存在一定是合理的，合理的不一定存在。
羊 爸	假如时光可以倒流，成为现实的会是另外一种合理的可能。
兔 妈	你曾经说过，这是历史和文学的区别。
羊 爸	这是亚里士多德说的。 总结一下，判断之所以很难，就在于它的不确定性。 比如，你不能确定你未来五年的生活路线，但可以肯定的是，总有一些规律、一些法则在起作用。未来是各种因素综合影响的结果。就像走路一样，在任何一个十字路口的任何一次选择，都会造成轨迹路线的变化。有些时候是自主选择的，有些时候是走到十字路口犹豫不决，被人推了一把，就朝某个方向走了，是被动选择。

兔 妈	人生总是充满不确定性。
羊 爸	是的。判断之所以不像数学计算那么容易，是因为下判断既需要掌握规律，同时又要结合当下的实际情况，而实际情况时时刻刻在变，就像夏天空中的云朵一样。对将来的判断永远不可能百分之百准确，只能根据概率来评价准确度。
兔 妈	是的。
羊 爸	关于技艺技能，大致就讲这些，希望给天下父母一些指引。
兔 妈	父母面临的最实际的问题是，孩子将来要生存，就需要一份收入，那么收入来自哪里？来自掌握的技能。要掌握什么样的技能，就要学什么样的知识；要学什么样的知识，就要接受什么样的教育。
羊 爸	关于技艺、技能，只能讲到这个层面。
兔 妈	你也算尽力啦。
羊 爸	我自认为讲得还是比较通俗易懂的。这篇文章类似于导论，接下来的几次对话将具体到学校课程。
兔 妈	我很期待。

漫谈
语文

羊 爸　语文可以说是中小学必修科目中最难的一门，难在学生不知道怎么才能学好，老师也不知道怎么才能教得最好。语文的难教难学可以说是中国基础教育中普遍性的现象。因此我希望你在对话中多讲一点，谈一谈中小学时你学习语文的真实感受。我也相信，你的经历和感受具有一定的普遍性。

兔 妈　没问题。

羊 爸　在谈中小学语文学习之前，我们先聊聊各自的大学情况。你大学里有没有学过语文？

兔 妈　我大学时主修政治学，辅修了汉语言文学作为第二专业。

羊 爸　我大学的专业是计算机，没有语文课。我记得有的专业有"大学语文"这门课。你辅修的这门课，对我这个理科生来说是第一次听说。

兔 妈　理科和文科的科目设置差异很大，你不知道很正常。

羊 爸　是的。每个学生，从小学到初中、高中，都在学语文。进入大学后，像我们学理科的大多没有"大学语文"这门课了，也就基本上不接触语文了，你们文科生还会学一些语言类科目。

兔 妈　是这样。

羊 爸 我为什么要讲这个话题呢？因为我当年语文是学得很差的。我一个朋友是湖北某县的，和我同一年参加高考，也算是县里的高考状元了。他跟我说当年他的语文考了全县第一名，他的老师因为他的成绩得到学校的表扬和晋升。然后我就问他，你的语文分数这么高，那么凭你对我的了解，你觉得我的语文高考成绩是多少？我给了他两个选择，第一个是接近满分，第二个是接近及格。他选择了接近满分的选项。但实际成绩呢？我语文只考了 72 分。当年语文科目的满分是 120 分，而我考了 72 分，刚好及格。

如果按照我的语文高考分数来对比我现在的语言文字水平，你会发现有着天壤之别。我身边的大多数朋友都认同现在的我能说会道、侃侃而谈，绝对是个文科生，而不是学计算机的理科男。然而过去的我口笨舌拙，说话经常词不达意。这种巨大的变化是怎么发生的呢？就是通过自学语文。

我通过自学，找到了学习语言文字的规律。写《漫谈语文》这篇文章，就是要把我的自学经验通过对话的形式分享给别人。

兔 妈 你很愿意和他人分享，而且你有一种表达的欲望和激情。

羊 爸 是的。一个人为什么要讲话、要写作？可能是内心有一种激情，甚至是欲望。这种欲望来自哪里呢？可能就是因为感受太深，不得不发。我相信大部分人不会有我这样自学语文的经历，所以我要把这个经历写出来。曹雪芹为什么写《红楼梦》，因为他的经历太特别，感受太深了——从王公贵族少爷沦落到靠他人施粥度日。为了纪念他的姐妹们，他的内心有一种激情和欲望，去写一本书。

兔 妈　你对《红楼梦》也有一些与众不同的解读，下次有机会也写下来。

羊 爸　好的。让我们进入语文教育这个正题，开始对话吧，希望你积极发问。对话过程当中，我会向你提问，让你回忆自己语文学习中的一些情况。你的回答真实就行了，无所谓好坏、对错。

兔 妈　没问题。

羊 爸　那么我先问你，你在学校的语文成绩怎么样？

兔 妈　我的语文成绩还算不错，但是不太稳定，因为我的作文发挥不太稳定。

羊 爸　那你喜欢语文这门学科吗？

兔 妈　我喜欢阅读。

羊 爸　在听说读写中，你最喜欢读，那你喜欢写吗？

兔 妈　不是很喜欢。我可能擅长写，但不是很喜欢写。

羊 爸　因为你现在的职业需要写作，然后你写得多了就擅长了，对吧？但就本性来说，你是不愿意写的，是吧？

兔 妈　对。可能因为小时候我阅读积累比较多，写的作文经常会被老师当成范文，但是我其实不太明白为什么会被当成范文。

羊 爸　被当成班级范文，就是说在班级里你写得挺好的。那你喜欢听吗？你听过评书吗？像《三国演义》《隋唐演义》之类的。

兔 妈　没有。但我听过一些小说、故事。比如古龙的武侠小说，还有一些广播剧。

羊 爸　这些作品都是现代的，中国传统的评书听过吗？比如单田芳、袁阔成的评书。

兔 妈　没有。听过一些相声，感觉小时候评书在南方并不流行。

羊 爸　相声和评书完全是两回事。相声一般来说以娱乐为主，篇幅很短，是曲艺，甚至是杂艺；评书实际上是口头文学，都是大部头的长篇故事，比如《三国演义》《水浒传》《隋唐演义》等。这种评书，一般篇幅都很长。说书人讲完一个回合，在听众意犹未尽时，总是吊听众胃口，说"欲知后事如何，请听下回分解"。

评书在北方比较流行，你小时候可能接触比较少，没有关系。那你喜欢说吗？

兔 妈　我小时候挺喜欢说，爱给大家讲故事。因为那时候父母给我买了一些讲故事的磁带，我当时识字还不多，基本上靠听来接受故事，然后再把它复述出来。

羊 爸　那个年代，一般情况下，孩子是听父母讲故事；父母比较忙的话，就会买些磁带来给孩子听。孩子听多了故事之后，就会模仿说故事。所以你有没有发现，听说读写方面，肯定是先听后说、先读后写，这是语文或者说语言文字的学习规律。肯定是有先后顺序的，对吧？

兔 妈　是的，这个自然。

羊 爸　我要指出，听说读写里面的说还可以分为两种，一种是单方面的说，我说你听就行；还有一种说是对话式的，我说你听、你说我听。我认为对话式的说很重要。

兔 妈　我从小是被动输入比较多，自己说得比较少，特别是对话式的。

羊 爸　你在学习语文的过程中碰到过什么困难？或者说有一些很难搞懂的问题吗？

兔 妈　有。一是作文难以把握重点，行文容易偏题离题；二是现代文阅读理解答题，感觉很难。我一开始不太懂怎么答题，经常失分，但后来发现其实有一个答题的套路，至少在中考和高考中有相对固定的答题模式。语文试题其余部分基本上靠背诵和积累就可以解决。

羊 爸　通过背诵和积累可以得高分？这么说你语言文字的记

忆力很强。

兔妈 对，我觉得我对文字的感觉比较敏感，比起听到的声音，对看到的文字的印象会更深。

羊爸 就是说你对文字比对声音更加敏感，那你对音乐敏感吗？

兔妈 不敏感，我可能比较缺少音乐细胞。

羊爸 音乐也是一种声音，一首乐曲里的所有音符都是有机地联系在一起的。是不是可以这么说？对音乐不敏感的人，对语言也不是很敏感。因为音乐是各种各样乐音的组合，虽然乐音通常是指好听的声音。语言也是各种各样声音因素的组合，然后听者对声音进行区分。我觉得一个人的语言能力和他的音乐感受力是有关系的。

或许可以这么说，你是视觉比较敏感，听觉不是很敏感。

兔妈 是的。还有一些人是对触觉比较敏感，会对动作记得比较清楚，上手很快，比如体育生。

羊爸 我们刚才说的是人体感觉的敏感度，另外一个你说的是运动天分。严格来说，肌肉、骨骼的运动是运动，听觉、视觉也是一种运动。

你在语文学习的过程中，有没有让你印象深刻的事情？

兔 妈　　一时间想不起来。

羊 爸　　可能没有印象特别深刻的事件，没关系。

　　　　我们再来谈谈语文教材。按历史年代，课文一般可以分为古诗词、古文、现代文。现代文按照题材来分可以分为记叙文、说明文、议论文。经常出现的还有一个大类，散文。关于什么是散文，老师常常会说散文"形散神不散"，你能讲讲这是什么意思吗？

兔 妈　　我觉得"散文"这种文体首先是和"韵文"对应的。散文在结构句式上并没有采用韵文那种工整的格式，而是相对松散。

羊 爸　　如果你之前没听过其他人问你这个问题，刚才思考之后说出这个答案来，我觉得你已经抓住了重点。

兔 妈　　谢谢你的夸奖。

羊 爸　　要加深对任何概念的理解，都可以靠抓住相对的概念。比如散文与韵文相对，韵文就是讲求节奏、韵律的文体。任何一种语言文字的发展，都是先从韵文开始，然后走向散文、议论文。

兔 妈　　从韵文开始是自然的，因为对称的押韵的声音容易记忆。

羊 爸　　从文体方面来讲，就是从《诗经》《楚辞》、汉赋、唐诗、宋词、元曲，走向明清小说。

兔 妈　　从文学这类文体来看，是这样。历史类、哲学类等文体就不是了。

羊爸 对的。我认为，韵文也含有音乐的元素，是介于纯语言和音乐之间的文体。韵文的形式比较对称和工整。散文是相对于韵文来说的，所以如果要理解什么是散文，先理解什么是韵文就可以了。

兔妈 这样理解很好。

羊爸 但是当年我在学校读书的时候，如果这样问老师，老师是不会跟我们说这些的，那时候我就觉得自己无法理解散文是什么。后来我知道什么是散文，也是自己通过大量的自学和阅读之后，经过思考而得。所谓的"形散神不散"，对当时的我来说很难理解，什么是形，什么是神呢？这就很难说得清，所以我觉得这种说法其实不够严谨。我相信，很多学生也没能理解，但是为了应付考试，就死记硬背下来，觉得能在试卷上写出这个答案就够了。

兔妈 好像是这样。

羊爸 中国历史上的文体也是随着时间逐步发展的，结构由简单到复杂，篇幅由小到大。从《诗经》《楚辞》、汉赋，到唐诗、宋词、元曲、明清小说，篇幅越来越大。现在篇幅最大的文体就是小说，四大名著就是篇幅巨大的长篇小说。诺贝尔文学奖获得者马尔克斯的《百年孤独》，不但篇幅很长，时间跨度竟然也有一百年；

《红楼梦》的时间跨度虽然只有十几年，但人物众多，大小事件无数，篇幅很是宏大。

兔 妈　　这个规律也适合世界上其他国家的文体。

羊 爸　　所以你会发现，文体的发展一定是一个从低级到高级、从简单到复杂、篇幅从小到大的发展过程。即使到了现在，文体可能还会进一步发展。同理，我们学语文的过程实际上也要遵循这样的规律。

兔 妈　　对的。

羊 爸　　语文课本中的课文除了按照文体发展来分类之外，另外一种分类方式就是记叙文、说明文、议论文。记叙文就是记录事件，当然不是原封不动地记录，而是有增有减有详有略地记录，让读者能够把握这个事件；说明文就是说明一件事情的；议论文就是去论证一个观点或道理的。语文教材里基本上所有的文章都可以按此来分类。

兔 妈　　我只知道这个分类，但没有细想过分类的标准。

羊 爸　　在学语文的过程中，我当时碰到的最大的问题是什么呢？我的记忆力是很好的，但有一点，我对理解不了或者不能说服我的内容，是不太愿意记的。对我来说，记忆的前提是理解，理解的前提是有感受、有感觉、有意义。我不喜欢像鹦鹉学舌一样，说出来的都是自己不能理解的东西。所以我在语文学习中碰到的最大的问题就是如何回答"这篇文章反映出作者的什么思想感情？"这类题目。什么是思想？什么是感情？我当时理解不了。

兔 妈 其实现代文答题更像套路题，作者实际是怎么想的并不是很重要。

羊 爸 我明白了，也就是说它只是一个套路而已。这是一个套路，你不用去理解什么是思想，什么是感情，只要知道背后的答案是什么，把答案记住就够了。

兔 妈 也不是单纯记答案，因为每一次考试的文章都是不一样的，但是有相对固定的答题模式和套路，相当于从答案库里拼凑答案。

羊 爸 真的是这样啊？改天你和我说说这种答题技巧。

兔 妈 哈哈，好的。

羊 爸 我可能跟大部分人不一样，大部分人不会关注刚才这个问题，只要知道有一个答案库，把它搬上去就能得分，而我想要理解思想感情到底指的是什么。大多数时候老师给出的答案，我会觉得和问题之间好像并没有建立联系，这样它就不能说服我。

兔 妈 其实有很多学生也像你一样，理解不了为什么是这个答案。但是如果一个学生不用这个套路，语文成绩就提高不上去，所以语文差的人还挺多的。

羊 爸 不是说语文差的人很多，而是说在语文学习上碰到我这种困难的人可能很多。此外，语文考试成绩好的人，并不见得理解力就特别强，而是说他们可能找到了一种方法，不去跟题目较真，不管这个问题有没有道理、能不能理解，按照套路把答案找到就可以了。按照这个逻辑，语文学得不好的人不见得不聪明，而语文学得好的人不见得理解力就很强。

兔 妈　我同意。

羊 爸　我当时的困惑，相信现在的大部分学生都会遇到。而当时的这些困惑，就导致了我后来放弃语文。我小学和初中的语文成绩不是很出色，但也不差。初中时候的作文曾被当作过范文，真正让我放弃语文学习，是在高中。

兔 妈　怎么在高中时候放弃了呢?

羊 爸　那时候我的高中是县里唯一一所省重点，同学都是各个乡镇中考的第一、第二名。这些学习尖子聚到一起，这时候就是高手 PK 高手了。高一期末考试成绩出来后，我发现一个现象：大部分学生都是偏科的。数理化好的人，语文英语就不好了；语文英语好的，数理化就不好了。只有极少数学生是全科好的，比如当时我们班的团支部书记。

兔 妈　是有这个现象。

羊 爸　我数理化很好，每次考试接近满分，英语也基本没有问题，都是 90 分以上。唯独语文，无论我怎么努力，怎么考都考不到 90 分。但是我这个人好胜心比较强，且追求完美，所以我在想能不能把语文学好，这样我也变成全才了。

兔 妈 你好胜不好强，确实是个完美主义者。

羊 爸 在我有这个想法的时候，我又存在很多困惑，前面已经说过。我想解决这些困惑，有一次语文老师在讲解一道题的时候，我问老师为什么是这个答案，老师有点支支吾吾，闪烁其词。我发现老师说不清楚，无法解释，说明老师也不能理解答案。老师自己都不能理解为什么，怎么能说服我呢，怎么能教好我呢？我又没有其他的法子，所以我就此决定放弃语文。

兔 妈 你还有这段故事啊。

羊 爸 后来高考，我除了语文，其他科目都接近满分。语文只考了 72 分，总分 120 分，刚刚及格。

兔 妈 其实我觉得可能很大程度上是老师的问题。

羊 爸 有一部分可能是老师的问题，可能有些人遇到了很好的老师，有些人遇到的老师水平一般。好老师很少，我没有碰到。

兔 妈 你运气不好。

羊 爸 但是这并不能解释现在语文教学普遍面临的问题，也即老师难教，学生难学。

兔 妈	我上学的时候，好像还没有遇到过语文老师答不上来的情况。至少老师是对文章有理解，或者对答案形成了自己的思路的。而且老师也不是在纯粹地应试教学，老师也想培养学生对美的感受力和理解力。
羊 爸	我老家县城的语文老师和上海的语文老师的文学素养肯定有差异，所以说你在语文学习中的感受跟我相比肯定也是不同的。
兔 妈	应该是的。
羊 爸	我们的对话是为了解决困惑的，而不是为了叙述以前的事。
兔 妈	对的。
羊 爸	我后来通过自己解决了困惑，所以希望把解决困惑的一套方法写出来跟读者分享，而你如果没有产生过困惑，那也就不存在像我这样的分享欲望。
兔 妈	是的。其实我也没弄清楚为什么我的语文成绩好，可能是因为我感受力强，加上听读积累比较多，并没有去专心研究。
羊 爸	好的。我要逼问你了，我当时的那个困惑是不是你的困惑？你能告诉我，作者的"思想和感情"是什么意思吗？
兔 妈	这其实和英语的阅读理解有点像，只是说英语不会触及太深的层面，英语的题目通常会问作者想表达什么，

也是类似的意思。

羊 爸　就是说语文试题答题的时候，学生也不会管"思想和感情"到底指的是什么，只要知道怎么答题就可以了，是这个意思吗？

兔 妈　对的。语文教学中一般把这类问法作为一种题型，对应相应的答题规范。但是如果细究字面意思，"思想"和"感情"其实是指两个方面。

羊 爸　我就是那种人，要理解了"思想"和"感情"是什么，才知道怎么组织答案，而不是背一个答题模板。为什么我的语文成绩差，就是因为我在语文学习的过程中曾经遇到很多困惑，自己解决不了，也没有人帮我解决。我曾经想变成全才，全部科目都要达到最好，但刚才说的语文老师答不上来的那件事，直接导致了我放弃提高语文成绩的想法，以至于我高考语文成绩刚刚及格。但是我其他科目的成绩都很好，我的数理化很好，英语生物也不错。当年考大学的时候，即使我语文只有及格分，总分也超过了重点大学分数线。

兔 妈　你很厉害。

羊 爸　因为语文没学好，所以我后来碰到了各种各样的困难。语言文字是一个通用的工具，没有语言文字基础，对他人谈论的话题总是很难理解。当然，学好数理化，可能理解相关知识点及其逻辑推理就行了。如果你语言文字不好，听说读写的整合程度很低，跟别人沟通交流和对话怎么能好呢？如果理解不了别人说的话，无法准确地表达自己的想法，你怎么办？这都是问题。所以语文不好，对我来讲真的是一个很大的缺陷。

兔 妈　现实中我并没有发现语文不好的同学在和别人对话中就表现得能力不足，或者缺乏那种听出别人话外之音的理解能力。

羊 爸　那是因为你没有看到他们和他人沟通交流时表现出来的语文方面的局限。你知道这是为什么吗？因为每个人跟别人对话交流的时候都局限于自己擅长的领域。就是一个文盲，平常也会和人聊天对话，只是领域非常窄，可能一天到晚只谈吃喝拉撒，稍微拓展一下就不行了。

　　　　所以你没有发现语言文字素养对日常沟通对话能力的不良影响，是因为每个人自主局限于自己的领域当中。语言文字素养很差的人，跟他人沟通交流的范围是非常狭窄的。

兔 妈　他们待在交流的舒适圈里面。

羊 爸　对了。这个就说明了一个非常大的问题，语文素养的低下导致了沟通交流的局限性。比如碰到一个陌生人，他跟我谈文学艺术，说的东西我全部听不懂，我就不听了。为了舒适，我找一个和自己相似的人，找点熟悉的东西来谈就行了。

兔 妈　是这样。

羊 爸　语言文字素养决定了这个人和他人沟通交流的适应范围。语言文字素养很差，适应范围就会很小；语言文字素养很高，适应范围就会扩大。现在无论遇到什么样的人，我都基本上能跟他们交流，因为我的语言文字素养变强了。特别是像哲学这类话题，因为哲学涉及一些抽象概念、普遍概念等，语言的哲学素养让我能更好地和别人交流。别人和我说的话，我现在基本上都能理解，在大的概念上基本能把握，只是理解得不是非常到位。

所以在这个问题上，我和你的看法不一样，我觉得语言文字的素养对一个人日常的沟通交流非常重要，它决定了沟通范围的大小。

兔 妈　这么一说，我现在能理解了。

羊 爸　接下来让我们再回到我高考语文勉强及格这件事上。这个成绩把我吓了一跳，别的成绩接近满分，语文却只是勉强及格。上了大学之后，我学的是计算机，也没有"大学语文"这门课程。后来我的语言文字素养提升到现在这个水平，是通过自学得来的。

兔 妈　这个我是知道的。

羊 爸　大学毕业之后没几年我就自己创业做生意，做生意需要跟很多人打交道，就会遇到各种各样的人。我发现跟他们打交道时，特别是在语言沟通方面，我好像存在很大的障碍。有时候是听不明白别人说什么，有时候是自己不能明白地表达自己心里的意思。那时候，我就意识到这可能是自己语文没学好的原因，所以我就下定决心要提高自己的语言文字水平。你肯定会好奇我是怎么做的。

兔 妈　我很想知道你第一步做了什么？

羊 爸　谁能想到像我这样的重点大学毕业生，已经是自己开公司的老板了，竟然要去找一个语文辅导老师。我一节课愿意付一百元，那个时候算很贵了。当年还没有互联网，我的第一个老师是通过电话找的，是一个华东师范大学的学生。我和她讲我存在的问题，我说我想解决这个问题，让她看看怎么办。她让我先写一篇作文，我马上写了。她看了看也说不出什么，我问她问题她也答不上来。可能她的水平只适合教小学生，所以上了一次课就停了。此后，我继续找别的老师。后来我找到了一位职业学校的语文老师。我到他家里去，他家里很小，我就在他家的餐厅上课。我把我的困惑说给他听，提出想要解决问题。他总结了一下我的问题，说我说话就像"茶壶里的饺子倒不出来"，意思是心里有想法，但不能准确地用语言表达出来，自我表达能力差。我说确实是这样。但是上了几次课之后，我发现他也没有我想要的东西，教我可以，但需要说服我，我不会无条件接受，也不会死记硬背。

兔 妈 你属于理解式学习的那类人。

羊 爸 但是我这个人一旦决定做一件事，就不会轻易放弃。我那时候喜欢跑书店，在回绝了这两位所谓的家庭辅导老师之后，有一次偶然在书店看到一套语文教材自学辅导手册，我觉得挺好的。这是根据不同年级的语文教材编制的一套辅导手册，有配套的题目和答案。我把手册买回家之后，会先读一遍课文，再看题目，思考之后，再看答案。我发现配套的答案对我来说比较有说服力，所以觉得这套手册适合用来自学。

兔 妈 一般人的确很难想到这样的自学方式。

羊 爸 所以我后来做的事情，身边的大部分人都觉得不可理解，堂堂的重点大学毕业生，竟然去看小学语文。我把一至五年级的小学语文教材全都买回来了，还买了对应的辅导手册。一至三年级的课文基本上以认字和学读音为主，基本上扫一眼就过去了，但是从四年级开始课文就有一定的篇幅了，有一定的阅读难度了。我就把教材里的每篇课文读一遍，然后再看辅导手册里的解释和答案，这样对应着阅读和自学下来，感觉收获很多。接下来，我又把初中、高中的教材和辅导手册买了回来，逐步自学。这个过程前后花了我三年的时间。

可能很多人会对这个学习方法感到不可思议，但我觉得对我有用。在自学之前，读报纸杂志对我来说有点困难，但是自学之后，我的阅读能力提升了，通过对话理解别人话语的能力也提升了。

兔 妈 自学可以弥补学校教学的不足，这种不足其实大部分学生都会遇到，但他们没有通过自学弥补。

羊 爸 是的。更重要的是，在自学过程中，我找到并掌握了不少语言学习的规律，把语文学好了。

自学是很难的，比有人教你要难得多。我们理科生的特点就是喜欢找规律，一旦找到规律之后，一通百通。我正是在自学语文的过程中发现了一些规律，想要分享给大家。

兔 妈 你是一个乐于分享的人。

羊 爸 大部分人可能不会将语词和实物分开，但二者实际上是分开的，一个实物可以有多个名称。汉字是象形文字，从起源到现在经过了很多变化，如从甲骨文到金文、篆文的演变等，新中国成立之后的文字改革就是从推广使用简体字开始的。简化之后的简体字很难从其字形去领会原来繁体字对应的原意。

兔 妈 是啊。

羊 爸	虽然从简体字去找某字的字义比繁体字多了一些困难，但大多数汉字还是可以的。
兔 妈	只要是象形字，从字形去寻找字义总归是可行的。
羊 爸	如何理解文章中某个字的字义？如果从《新华字典》中查，你会发现绝大多数汉字都有很多的字义。把全部字义背下来，这对记忆力是个挑战。
兔 妈	胡适也注意到了这个现象，他在《怎样读书》中提到，英语也有这个问题。他举例，英语单词"turn"，作及物动词有十五解，作不及物动词有十三解，作名词有二十六解，共有五十四解。
羊 爸	如果把这些字义全部背下来，绝对是个笨办法。
兔 妈	那你说说你的巧办法。
羊 爸	我的方法，也即我找到的第一个规律是：找到这个字的原意，记住它即可；其他字义根据原意结合语境推导出来。
兔 妈	你能举例吗？
羊 爸	这个只能在阅读文章中具体举例。
兔 妈	你在给孩子们上语文课的时候就是这样做的。
羊 爸	我找到的第二个规律是：可以根据汉字的偏旁部首去把握其字义。比如偏旁"氵"和水有关，偏旁"木"和树木有关，偏旁"虫"则和昆虫有关，所以结合字形的偏旁部首和大致语境，大致可以推断出这个字指向

的字义范围。

兔 妈　这个方法很好。

羊 爸　我们学习语文都是从字，到词，再到短语和句子。词语是由字组成的，有一定的语法结构，句子则是一个完整的意思表达。对词语的理解实际上也有规律。

兔 妈　请你讲讲你发现的规律。

羊 爸　在讲规律之前，我先讲讲现在的词语解释方法存在的缺陷，这些方法导致学生对某个词语的理解存在"越看解释越糊涂"的情况。

兔 妈　真的吗？

羊 爸　现在的词语解释方法存在两个问题：一是循环解释；二是用复杂解释简单，用抽象解释具体。

兔 妈　这两个问题你能展开讲讲吗？

羊 爸　循环解释就是互相解释，用 A 解释 B，又用 B 解释 A，实际上没有进一步说清词语的意思。

兔 妈　是这样。

羊 爸　再就是用复杂的东西去解释简单的东西，用后来出现的东西去解释先起的东西。比如用人类来解释猿类，用智能手机来解释功能手机，这绝对是违反人的认知规律的。人认知事物是从先起到后继，从简单到复杂，从具体到抽象。

兔 妈　譬如用水去解释冰是个好方法，冰是零度的水；用冰去解释水是个蠢办法，水是融化的冰。因为一般情况下，人是先认识水后认识冰的，水是常见的，冰是少见的。

羊 爸 好的词语解释方法一定要避免这两种缺陷，这是我发现的第一个规律。

兔 妈 那下一个呢？

羊 爸 词语解释的第二个规律就是要去发现、去辨析近义词之间的差异。近义词不是同义词，抓住近义词之间的差异很关键。

兔 妈 请举个例子。

羊 爸 我们在"说"话，也可以说是在"谈"话、"讲"话，如果谈论的内容是道理，也可以是"议论"。这些字词的意思相近，但都是有差异的。

兔 妈 是的。这几个字词都包含"说"的意思，但仔细分辨起来，根据具体场合、情况的不同，还可以区分得更加精确。

羊 爸 这涉及概念的问题。首先是一个很大的概念，再通过限定分割成小的部分。你可能从来没思考过什么叫"说"，但我一解释想必大部分人都能理解。"说"其实就是用声音去指示某个事物。什么是声音？人能用耳朵听到的都是声音，听声音是人的耳朵的功能，正常人都有，这个不需要解释。

那么什么是"讲"呢？比如老师在台上讲课可以用"讲"。一般来说，"讲"可能意味着声音比较大，或者一对多，或者上对下。至于"谈"，肯定涉及两个人或多个人，而"说"是可以自己对自己的。"议"则是议事，"论"就是论理，对象不同。

兔 妈 听你这么解释，我终于把这几个词之间的差异弄懂了。"说"是最基础的概念，也是含义最广、最模糊的，如果要更具体的表达方式，就要用更精确的词。

羊 爸 所以说近义词要辨析差异才能准确地理解和表达。如果我们根据辐射的范围来区分，"说"的范围是最广的，但凡用"论"的地方，也能用"说"，但反过来就未必合适。就像我们能说人是动物，但不能说动物是人。

兔 妈 是的。

羊 爸 理解词语的另一个规律是抓住反义词。词语之间存在近义词，也存在反义词。

兔 妈 反义词的"反"是什么意思？

羊 爸 正反的"反"，我觉得亚里士多德给出的几何学解释很准确。几何学应该是能用于一切的学问，因为它是关于空间、关于形状的学问。所以一切事物，不管是生物还是非生物，都可以用空间位置和形状来表达。"反"的意思就是二者距离最大，反义指的就是要找到线段的两端。

兔 妈　对于线段中的所有点，两个端点之间的距离最远。

羊 爸　是的。要准确理解词语，一定要找到反义词，否则很难理解词语本身。拿人类来举例，人有男女两种性别，但如果你从来没见过男人，你能够理解女人吗？或者从来没见过女人，你能够理解男人吗？

兔 妈　是的，我们常说的"只有见过黑暗的人才知道什么是光明"也是同样的逻辑，这背后应该就是一种二元对立的思想。就像我前面试着解释散文"形散神不散"的意思，也是先找到散文相对应的概念——韵文。

羊 爸　对了。这说明我们常常是通过找反义词来理解词语的。

兔 妈　哈哈，是这样。

羊 爸　刚才我们说了词语，词语之上还有短语。短语是连在一起的一串词语，有的中间有助词，譬如"弯弯的月亮"中的"的"字。短语是有结构的，要分清短语中的重点部分和非重点部分。比如"一个人"，重点在"人"，中文表达的习惯通常是重要的部分在后。

兔 妈　一般情况下是这样。

羊 爸　接下来讲讲更重要的句子。字构成词语，词语构成短语，短语构成句子。

兔 妈　是这样。

羊 爸　句子的结构更复杂，你当年学语文的时候是怎么划分句子成分的?

兔 妈　当时老师教我们"主谓宾，定状补"。

羊 爸　这种划分方式虽然不算难，但我觉得意义不大。我认为最好的划分方式是采取二分法，即前面是主语，后面是谓语，一般是用谓语部分去说明主语部分。一个句子的表达目的就是用谓语去解释主语，主语是目的，谓语是手段。主语部分可以是一个字词，也可以是一个短语，谓语部分也同样。

任何一个句子，成分再怎么复杂，都可以分成这两个部分。现在很多学生读文章时遇到一些很长的复杂句子，就会觉得难以理解句意。抓住句子的表意目的，把句子分成主语和谓语两个最基本、最主要的部分，马上就能知道作者在说什么。所谓的定语、状语等，其实都是次要的、枝节的部分。

抓住复杂句子主要内容的能力是相当重要的，很多人都过不了这一关。我原先也不行，导致深度阅读对我来说很困难。自从我过了这一关，我的阅读能力开始突飞猛进。

兔 妈　目前，我在理解复杂句子时还存在一定的困难，希望你今后继续指点我。

羊 爸　没问题。我这个句子分析过程有点像语文教学中的扩句缩句，但是学校老师从没有提过这种二分法，说句子可以分成主语和谓语两个部分。

兔妈 是的。

羊爸 康德关于句子的分析理论就更厉害了。他说所有的句子只有两种类型：一种是分析语句，一种是综合语句。

兔妈 我可不可以这样理解，分析就是从整体到部分，综合就是从局部到整体?

羊爸 康德的句子分析理论我也理解得不是很透彻，你这个简单理解我认为是可以的。

兔妈 那就好。

羊爸 如果能抓住最基本的句子分析技巧，以后看到再长再复杂的句子，你都不会害怕了，所有句子都逃不出这些分析框框。

兔妈 是的。德语的表达好像也是出了名的复杂，所以一定要抓住句子最基本的构成。

羊爸 我们讲了字、词、短语、句子，接着讲段落。段落是由几个句子组成的，或者是由一系列句子组成的。而这些句子和句子之间是有结构的，并非随意排列组合。如果一个段落由十个句子组成，十个句子必然存在一定的顺序。如果顺序颠倒一下，整个段落的逻辑关系就不通了。亚里士多德曾提到过一座墓碑上刻了三句话，无论以什么顺序阅读都成立。严格来说这三句话不是一个段落，因为它们之间并没有顺序关系，也就不存在结构。完整的段落好比一把木椅，必须把木头零部件以一定的结构组装连接在一起才能成为椅子，用于连接的结构件就像句子之间的连接词。

兔 妈 是的。以前语文老师就批评我句子和句子、段落和段落之间缺少衔接。我写的一段话里面堆了很多句子，但是句子之间好像没有关系，只是简单地堆积，没有结构。

羊 爸 是的，这就是我总结的如何写一个段落的规律。很多人没有意识到这个问题，如果意识到并且掌握了这个规律，写文章就会变得相对容易。在写后面的句子时，从前面的句子找到对应的词语，从这个词语展开。比如说"我喜欢吃苹果"这句话中有"苹果"这个词，那么下一句就可以是"苹果是一种水果"，两个句子是靠"苹果"作为连接词连接在一起的。

兔 妈 是的。

羊 爸 这是词语上的连接，逻辑上的承接就是另一回事了，那是论证，属于比较专门的领域，我们可以下次再谈。

兔 妈 这个写作技巧很有用，能够改善我之前写作时句与句之间跳脱的缺陷。

羊 爸 接下来就讲到文章。段落组成文章，文章就像一条鱼，由鱼头、鱼身、鱼尾三个部分组成，缺了哪一个部分都不完整。大部分文章都是前后呼应的结构，这符合人的认知规律。从哪里出发，最后就要回到哪里；一拳打出去，肯定要收回来。文章也是如此。文章可以分为记叙文、说明文、议论文等，但是字、词、短语、句子、段落、文章的构成规则，适用于任何文体。

兔 妈 你从字开始一直讲到文章，把基本规律都说明白了。

羊 爸 还有一个重要的规律是理解概念的规律，我现在要讲一讲。

语词不但表示实物，也表示概念。实物是具体的，是可以用感官感觉到的；概念看不见摸不着，它存在于头脑中，是抽象加工的产物。很少有人注意到，概念之间存在亲缘关系，就像家庭成员之间一样。概念和概念之间的关系，就像人的世代传承之间的关系一样。如果想把握一个概念，最好先找出它的母概念和子概念，再找出兄弟姐妹概念。这好比去全面了解一个人，要了解这个人的父母、子女和兄弟姐妹。所以千万不能孤立地去理解一个概念，而要通过亲缘关系去理解。概念之间的连接是有结构的，就像是串起来的链条。就像我们刚才讲的，一个概念有三个连接点："母"概念、"子"概念和"兄弟姐妹"概念。通过结构性部件，就可以像拼图一样拼出很多东西。

我还有一个比喻，可以用来恰当地形容概念在人脑中不断闪现的过程。当人在谈论某个概念的时候，就像一束探照灯的光束打在它上面一样。这时离它最近的邻近概念也会被照亮，当这束光线移到某个邻近概念的时候，这个概念的相邻概念又会被照亮。这是人脑里的概念运作规律，也是思维过程，当提到一个概念的时候，马上就会联想到相邻的概念。而随着聚焦光线的移动，新的事物（概念）又会犹如涟漪一样依次被点亮，层层显现。这就是为什么有些人能够作长篇大论的演说，且思想很有连贯性，而有些人上台讲两句话就说不下去了。背后的原因是前者掌握了这个聚焦规律，后者没有。

兔妈 这个比喻非常形象。而且你说的这种聚焦的移动方式和天马行空的联想不一样，是有连贯性的，依次点亮最相邻的概念，别人不至于跟不上或者难以理解。

羊爸 目前为止我在自学语文的过程中发现了上述规律，但不是所有人听到这些规律就一定能理解，也不见得能应用，关键要看每个人自己的悟性。同一种工具不见得人人会用，我发现并运用了这些工具，所以语文素养得以提升。

兔妈 是的。

羊爸 人的思维依照从具体到抽象的规律，但每个人能达到的抽象层级是不同的，这种差异可能是基因决定的，不能通过教育磨平。教育不可能把每个人都培养成精英，这是不现实的。

兔 妈　是的，教育只是在教授知识和技能的基础上，让每个
人达到他的天分极限。但是一个人的天赋有多大价值，
很多时候是由社会整体环境决定的。

羊 爸　我之前就说过，有作战天赋的人在战争年代会有很大
成就，但是在和平时期就没有什么用。有的人喜欢特
立独行，那么他在比较自由开放的社会中会生活得更
好，而在一个墨守成规、重视人情世故的社会里就会
很难受。

兔 妈　你举的例子都很好地说明了你的论点。

羊 爸　人的认知规律先是从具体到抽象，而每个人的抽象能
力是有差异的。同时，抽象的规律只有通过具体的例
子，才会更便于人理解。

我们再回到前面的问题，你能试着把"作者的思想感
情"是什么再说一说吗？

兔 妈　我觉得"思想"从中国的文人写作传统来说，就是所
谓的"文以载道"，也就是一篇文章的主旨。

羊 爸　你有没有发现，你在解释这个词语的时候，犯了用复
杂来解释简单，或者说循环解释的错误？你给出的这
个解释只是抛出了新的名词，而且新词更陌生，更难
于理解。你并没有把"思想"说清楚。

木心曾用一句话来解释语言和思想的区别："思想是卷

着的锦毯，语言是铺开的锦毯。"语言是听得见的，能够直观看到全貌；思想是听不见的，要展开才能看见。思想是内在的，语言是外在的，语言是思想的一种形式。同一个思想，可以用英文表达，也可以用中文表达。

兔 妈 语言是一种工具，是一种符号系统。

羊 爸 语言的目的是表达背后的东西，也就是思想。

接下来说说什么是感情。我在之前的对话中说过，人先有感觉系统，之后才有情感系统，再有思想系统。感觉系统不用多解释，我们先说说情感系统。每个人在不同阶段都会处于某种情感状态，也就是中国人所谓的"七情"。

感情和情感又是不一样的。情感是内在感受到的变化，比如听到别人骂了自己一句，内心感到愤怒。而感情是要表达出来的，可以通过手势，也可以通过面部表情或者语言表达出来。

兔 妈 也就是说思想必须通过语言，而感情可以通过非语言的形式。

羊 爸 这是思想和感情之间最大的区别。人类先进化出情感感情机能，后进化出思想机能，思想是更高级的人类机能。

兔 妈 我同意。

羊 爸	人是情感动物，人与人之间的情感感受和感情表达也有差异。比如敏感的人会伤春悲秋，有的人是"扑克脸"，而好的演员"眼睛会说话"。

总之情感可以通过语言表达，比如"我快乐""我伤心"，也可以通过动作、表情等非语言的形式表达出来，而思想很难通过动作表达，因为思想要表达更加抽象的内容。

兔 妈	是的，很难想象大家不说话而通过眼神、手势开完一场会，把思想表达清楚。当然除非用手语，因为手语和说出口的语言类似，是一套符号系统。

羊 爸	我再讲一讲"思想"这个词。在中国的汉字系统中，把"思""想""念"这几个字联合起来考察，你会发现它们之间是有联系的。

"念"指的就是进入大脑的事物重新显现，我们说"一个念头起来了"。"想"就是从一个"念"到另一个"念"，这是大脑内部发生的动作。而两个"想"加在一起推出新的一个"想"，就是"思"。由此可见，"思"是更高级的动作，是再一次加工。

可见，"念"是单独的一个意念，对应一个词语；"想"把两个意念连接在一起，对应一个句子；而结合两个句子，推出第三个句子，就是"思"。"所有人都会死。苏格拉底是人。所以苏格拉底会死。"这一经典的三段论就反映了上述推理过程。

兔妈　是的。

羊爸　要知道汉字不是同时产生的，而是有时间先后。我虽然没有研究考察过，但从认知规律来说，"念"应该是最先产生的，其次是"想"，"思"的出现要晚于"念"和"想"。

兔妈　你这么一说，终于把"思想感情"给解释清楚了。"思想"和"感情"是分开的，然后"思"和"想"是分开的，"想"和"念"也是有所区别的。

羊爸　这是一个规律。西方的一些心理学家，特别是皮亚杰等认知心理学的学者，就认为思想实际上是外在动作的内化。比如你做一个动作，或者看到一个人做动作后，在大脑思维里把这个动作用语言表达出来，就是外在动作的内化。

兔妈　有点意思。

羊爸　再讲一个大部分人可能没有注意到，但是我们汉语语言系统特有的规律。《红楼梦》里提到"喜怒哀乐，已发谓之情，未发谓之性"，这一表述说明了性和情的关系。如此说来，性和情实际上是同一事物，区别只是一个已发，一个未发。这样的情况在中国的文字系统中有不少，也就是说一对字词可以通过已发和未发的关系进行区分。我们也可以说"思想"是未发的，"语言"是已发的，就像卷起来和铺开来的毯子。

兔 妈 说得太好了，这样的情况在汉字中应该还能发现不少，比如前面谈到的"情感"和"感情"就是一例。

羊 爸 你以后还可以慢慢发现。一旦抓住这个规律，就能更好地理解和区分中文的字词。

兔 妈 好的。

羊 爸 我还要补充一点，来帮助读者更好地学习和掌握新知识。亚里士多德在《范畴篇》中把事物之间的关系划分为十种，也就是十类范畴。康德进一步将其归类为四类范畴：量、质、关系、模态。我发现伟大的哲学家具有高度概括的能力。

归类应该是人类思维的本能，你看超市里的货架都是归类的，不然就会乱糟糟，要买什么商品都无从找起。但是很多人的思想是杂乱无章，并不归类的。人脑就像一个仓库，如果把知识无序地放入，那么能够容纳的数量就很有限，很快就会出现记忆量的瓶颈，觉得知识太多记不住。

但是如果把这些东西归类后放入，在大脑中形成结构，就会发现这个仓库还有很多空间可以利用。我现在就是这样，觉得头脑中还可以容纳很多新事物，因为我不会把新事物孤立地放进来，而是会和头脑中原有的东西建立连接，产生有机的勾连。

把新事物融入旧事物体系中，把新思想有机融入原有的思想系统中，是符合认知规律的做法，这么做能把新事物掌握得更好。好比两个人之间如果不存在有共同认识的第三人，只是偶然认识，那么一旦失去联系就很难重新找回。如果存在多个社会人际关系，比如同事、同学等，就不容易断联。孤立的新知识很容易遗忘，和已有的知识连接越多，就掌握得越牢固。所以认知新事物的过程，就是如何同旧事物建立连接的过程，思想系统的结构性越好、越缜密，思考机能就越发达、越强大。

兔 妈 你说得很对。比如我前面在理解你提出的新的概念解释和新的规律的时候，就发现只有调动自己的知识储备，才能更好地接受和掌握。

羊 爸 接下来我们重点讲讲阅读。什么是阅读？如何阅读？什么样的文章才是好文章？什么样的书才是好书？

兔 妈 好的。

羊 爸 我先问你一个问题，一个人为什么要学语文？或者说，一个人为什么要提高他的语言文字的素养？

兔 妈 这个问题我好像几乎没思考过。

羊 爸 大部分人可能认为没有必要问为什么。我提出这个问题，是因为我思考过，而且得出了一个不平常的答案。

兔 妈 我很愿意听听你的答案。

羊 爸 　我问你，什么样的人是文盲？

兔 妈 　文盲是不识字的人，他能听说，但不能读写。

羊 爸 　是的。文盲虽然一般的听说没有问题，但是他能够理解的内容只能是日常生活范围之内的话题，稍微专业、高深点的话题可能就不行了。古时候文盲也可以生活得很好，《红楼梦》里的王熙凤就是个文盲。放在今天，一个文盲找份工作是相当困难的，即使是生活方面，在信息化日益发达的今天也会遇到不少困难。

兔 妈 　是的。

羊 爸 　一个儿童在学习识字之前，已经会一些简单的听说对话了。他进学校学习语文的主要目的是学会读写。

兔 妈 　是的。

羊 爸 　语言文字是工具，听说读写是一个人的基本技能。一个学生学其他任何学科都需要这个工具。毕竟所有的学问，包括最高深的学问，都是需要用语言文字来表达的。

兔 妈 　是的。

羊 爸 　所以前面提出的这个问题一般人可能会觉得很傻，但实际上你仔细想想，这个问题还是值得提的。研究教育的人要思考学习语文的目的和价值所在。

兔 妈 　不仅一般的教育工作者要思考这个问题，学生的家长也要思考这个问题。

羊 爸	家长想想这个问题是有好处的。想明白了这个问题，他们会更重视孩子的听说读写能力和语言文字素养。毕竟一个人的语言文字素养是人生成功的重大条件。
兔 妈	很难想象一个口笨舌拙的人、一个只会简单读写的人，能在现代社会中生活幸福，更不要说成功了。
羊 爸	按照现今的基础教育制度安排，语文教学过了高中阶段就结束了，大学里只有少数专业才设有"大学语文"课程。这种安排说明，一个人读完高中，基本的语言文字听说读写技能就已经掌握了。
兔 妈	是的。
羊 爸	但是一个人高中毕业之后，语言文字的素养就不应该继续提升了吗？答案当然是否定的。不是说认识了常用字词就够了。一个人对常用字词和它们所表达的一般含义虽然已经理解，但对它们所表达的背后的概念系统还没有完全理解，概念系统还需要不断生长扩大。
兔 妈	文字系统背后对应一个概念系统，文字系统的构建已经完成，概念系统的构建是永无止境的。
羊 爸	是的。一个人离开学校走向工作岗位之后，还会不断通过语言文字接触很多新的概念，理解并在头脑中建立这些概念。
兔 妈	是的，语文不仅是学校里的已经完成的一门学科，离开了学校，也需要不断学习。因为我们在生活中会不

断接触新的事物和概念，这些新事物和新概念需要语言文字去理解和表达，学习也应该是终身的。

羊 爸 要想学门新的学问，比如投资学，这门学问的一些专业概念和日常概念是不一样的，需要用语言文字去学习和掌握。虽然这些字词都是常用词汇，你也知道它们一般的含义，但通过学习可以不断扩充新的概念，让这些新概念和原先的词语建立对应关系。

兔 妈 是的，同一个字词，对应了更多的概念，也就是我们通常说的含义。

羊 爸 很多人可能遇到过类似的情况，就是一篇文章里面的字词全部认识，但是不知道作者在说什么。这种情况背后所反映的就是你脑子里可能没有这些字词背后的概念。

兔 妈 我也遇到过这种情况。

羊 爸 为了减少这种情况的出现，一个人即使离开学校之后，也需要运用语言文字去不断接触和建立新概念。

兔 妈 是的，很有必要。

羊 爸 建立新概念的过程一般是通过听和读来完成的。我觉得听是辅助的，读是主要的。越高深的内容、越抽象的概念、越宏大的概念，就越要通过读来理解和得到。

兔 妈 阅读哲学和社会学的书就是这样。哲学的概念很抽象，社会学的概念很宏大。

羊 爸　文学关于情感的概念比较多，也比较难于理解和把握。但文学讲人情世故的多、洞明世事的少，而且文学通过打动读者的情感来建立和强化作者想要传播的观念，所以文学作品的可读性还是比较强的。

兔 妈　我看是这样，小说的销量最好，经济和法律的书销量其次，哲学书卖得最差了。

羊 爸　是的。一个人要通过阅读各种书籍去接触和建立新概念。

兔 妈　对的。

羊 爸　我认为，要读经典，要读好书。

兔 妈　经典是经过长时间筛选下来的，当然是好书。但是，近代现代的书也很多，如何判断一本书是好书呢？有没有标准呢？

羊 爸　好问题。接下来让我们讲讲什么是好文章，什么是好书。

兔 妈　好的。

羊 爸　文章有各种类型，书也有各种类型。我们先讲讲书籍的分类，以中国古籍为例。

兔 妈　好的。

羊 爸　按照乾隆皇帝时期编修的《四库全书》分类，中国的古籍基本上可以分为"经、史、子、集"四类。

兔 妈　原来是这样。

羊爸	中国最早的古籍，应该是《诗经》。按时间顺序发展，《诗经》接下来是《楚辞》，再后面是汉赋、唐诗、宋词、元曲、明清小说。这一类古籍属于文学。除了文学类外，还有历史类，如司马迁的《史记》，司马光的《资治通鉴》等。还有哲学类的，比如老子的《道德经》，孔子的《论语》等，以及从印度传播翻译过来的《佛经》。所有这些也就是我们通常所说的"文史哲"。
兔妈	这个应该是个大致分类吧，不能囊括所有古籍。
羊爸	是的。所有的分类都不能囊括一切，所以才有"其他""杂项"等类项名称。
兔妈	哦。
羊爸	我们以文学为例来说一说好书和好文章的评判标准。
兔妈	好的。
羊爸	语文教材中的唐诗很多，以我非常推崇的一首诗为例来谈。
兔妈	好的。
羊爸	这首诗叫《春江花月夜》，是张若虚写的，非常独特。张若虚流传到今天的诗作只有两首，这是其中一首。这首诗有"孤篇压全唐"的盛誉。为什么这首诗的美誉度这么高呢？或者说为什么它的文学价值这么高呢？
兔妈	我不知道。我只知道这首诗很长，我并没有在课堂上

专门学过。离开学校后，我听到他人谈起过，所以读了这首诗。印象最深的是"江畔何人初见月，江月何年初照人"这句，给人一种时空观特别宏大的感觉。有一部当代创作的昆曲《春江花月夜》就是根据这首诗写成的故事。这部昆曲把个人的情爱、尘世羁绊和无尽的宇宙、无垠的时空联系起来，深深地打动了观众的情感，拓展了观众的时空观。

羊 爸　你讲得很好。《春江花月夜》是一首诗，绝对的一首好诗，我们等会儿还会讲回它。

兔 妈　好的。

羊 爸　我们接下来讲讲好书。为什么大多数人都认为《红楼梦》是中国四大名著中最好的一本？我认为它和《春江花月夜》一样，都有好坏的评判标准。

兔 妈　很想听听你这个评判标准。

羊 爸　我们前面讲过，一篇文章是由字、词、短语、句子、段落构成的。好文章是有标准的。首先，简单的文章一定程度上不是好文章。简单和复杂，首先是一个数量的概念，比如一篇文章涉及的人和事的数量很少，就是简单，反之就是复杂。其次，要依靠情节把人物、事物串联起来。我认为，事物的发展存在规律，情节并不是简单地直线展开，而是存在曲折发展的。完整的一件事情按照时间顺序来划分，可以分为好几个节点，就像竹子在生长过程中生成的一节一节。

兔妈 这个比喻非常形象，情节的发展是有生命力的，有内在的规律，就像竹子的生长一样，而且存在关键的节点。

羊爸 就是这个意思。情节的发展有诀窍，如果没有掌握这种诀窍，写出来的文章是不吸引人的。

兔妈 请你谈谈这种诀窍。

羊爸 这个诀窍有三点。第一是要不断有新的发现，有句诗叫"山重水复疑无路，柳暗花明又一村"，只有不断有新的发现，才能不断引人入胜。第二是要有突转，突然从天堂到地狱，突然从极乐到极悲，从顺境到逆境。第三是要接近极端，这个极端超过一般人的想象，但又不能超过一定限度，让人产生恶感。文学属于艺术的范畴，描绘平常人所处的状态是不吸引人的，必然要超出常人的水平，才能吸引人的关注。比如余华的《活着》，把人写得惨得不能再惨，以至于让人的心灵受到强烈的震撼。伏尔泰的《老实人》，也是把无数悲惨的事件集中到一个老实人身上去，让人感到他太惨了。

兔妈 人的感受存在阈值，平淡是不能吸引人的，接近极端才会吸引人、打动人。好文章要具备三要素——新发现、突转和接近极端。三要素造成情节的波动，推动故事发展。

羊爸 是这样。文章里有不同的人和事，存在好多条情节线，写一篇文章就要像织布一样把这些情节线编织起来。好的文章错综复杂、千头万绪，但又不是杂乱无章的，而是一块精美无比的织锦。

兔妈 也就是说无论一篇文章的篇幅有多长，涉及的人和事有多么多，都要有统一性和整体性。

羊爸 是的。还有，好文章一般来说都是超越现实的，也就是说有虚构的成分，因为现实太平淡。之前我给几个邻居小孩上语文课，讲到一篇写猫的文章，作者写自己家里养了三只猫，这三只猫有三种不同的个性，最后有不同的结局。我问孩子们，你们真的相信作者家里养了三只猫吗？不是的，他家里可能只养了一只猫，但是他可能有好几个朋友家里都养猫，于是就把朋友养猫的经历写成自家的事了。

兔妈 好作品一般都有虚构成分，不能完全写实，有句话叫"来自现实，超越现实"。

羊爸 这里面又涉及文学和历史的区别。历史是对过去事件的记录，追求真实，而文学不是。文学可能取材于历史事件，也可能有虚构，追求的是"逼真"，而不是全真。"逼真"就是说合情合理，合情合理的意思是说，如果历史可以重来，"逼真"也可以成为事实。所以

"逼真"也让人相信，这也就是为什么人们喜欢看文学作品的原因。

兔 妈 亚里士多德在《诗学》里就有类似的表述。"诗人的职责不在于描述已经发生的事，而在于描述可能发生的事。……就作诗的需要而言，一件不可能发生但却可信的事，比一件可能发生但却不可信的事更为可取。"现实事件其实往往并不按照人们可理解的逻辑发展，"逼真"有时候比"真实"更可信。

羊 爸 亚里士多德对文艺创作理论谈了很多，有一些我们之前也讲过。

兔 妈 是的。

羊 爸 我们刚才说的是好文章的总的特点，接下来讲好文章的五个判断标准。

兔 妈 好的。

羊 爸 第一个标准是文章要能打动人的情感。文学和哲学完全不一样，哲学是纯理性的思辨，文学更偏重于情感。阅读文学作品，心绪会随着人物和情节不断变化，并且产生强烈的情感共鸣，喜怒哀乐跟着某个人物走，对某个伟大人物表现出无限的热爱，对某个反派角色恨得咬牙切齿。

兔 妈 《红楼梦》里曹雪芹对林黛玉悲情的一些文字描写，让读者忍不住要落下泪来。

羊 爸 第二个标准是文章的词语要丰富。有时候同一个事物，在不同的时间、不同的地点会用不同的词语来表达，从而避免重复表达的乏味。

兔 妈 说话也是一样，有些人说话颠来倒去就几个词语，让人听了感觉乏味。

羊 爸 第三个标准是要用修辞。修辞是一种形象化、具体化的表达。人首先是感觉动物，看得见、听得见、摸得着的事物让人感觉更实在。人还是一种喜欢关注运动而非静止的物种，一个人看到石头和猫的反应是完全不同的。修辞能把静态的事物变得生动起来，读起来就有画面感，引人入胜。

兔 妈 好像是这样。你看小孩到了公园里，他对蜜蜂蝴蝶的关注远大于对树木花草的关注。

羊 爸 哲学书几乎不用修辞，读起来很乏味，也是这个道理。

兔 妈 难怪哲学书很少有人读。

羊 爸 第四个标准是文章要有思想性。思想要有一定的高度和深度，意味着思想要有高深的知识，高深的知识意味着要有高深、宏大的概念。

兔 妈 高深的概念就是抽象度很高的概念，也是时空跨度很大的概念。

羊 爸 是的。《红楼梦》开头几个回合，林黛玉进贾府之前，全写儒释道的东西，什么茫茫大士、空空道人等；《西游记》开篇就讲天地初开、盘古开天地等。这些内容反映了作者思想的高度和深度。思想性的实质，是作者掌握了很多高深的抽象概念、时空跨度很大的概念。

兔 妈 大部分人读《红楼梦》，开头几个回合就被难住了，原来是被曹雪芹的思想高度吓住了。

羊 爸 是的。第五个标准是把复杂的情节编织成一个统一的整体，使作品达到一致性。就像一张渔网，无论网眼有多少，网口的纲绳一拉，网就收紧了。

兔 妈 纲举目张就是这个道理。

羊 爸 我们就以《红楼梦》为例来说明。《红楼梦》里面三四百号人物，随着时间的进展，每个人都会发生许许多多的事件。曹雪芹把所有人物和事件按照时间为经度、空间为纬度编织成一个整体，使得情节始终围绕着贾家命运兴衰进行，很了不起。

兔 妈 所以《红楼梦》是中国文学作品的巅峰之作。

羊 爸 我们现在可以用这五个标准去评价《春江花月夜》和《红楼梦》。

兔 妈 我觉得《春江花月夜》最大的特点在于它的思想高度。开头第一句就是"春江潮水连海平，海上明月共潮生"，空间跨度多么宏大；"江畔何人初见月，江月何年初照人"的时间跨度，往前、往后都拉到无限，这个追问前无古人后无来者。

羊 爸　追问是哲学的特点，诗人张若虚的这个追问让他达到了哲学的高度，可以说在中国所有诗人中少有。即使是屈原，也多是天马行空式的想象，很少有这种哲学式的追问。

兔 妈　是的。

羊 爸　让我用这五个标准来评价一下《红楼梦》吧。一个人细读《红楼梦》到情深处，不自觉地被打动是那么的自然；黛玉和宝玉的爱情悲剧牵动了多少读者的心，我读过两遍《红楼梦》，每次读到宝玉宝钗新婚、黛玉焚诗的那一夜，曹雪芹对黛玉悲惨心境的描写，总是不禁流出悲伤的眼泪。

兔 妈　能够打动你这个有点英雄气概的男人，让你落泪，真的不容易啊。

羊 爸　第二个标准是词汇的丰富程度。你知道我从小学到高中的语文成绩都很差，读了两遍《红楼梦》后，我有个强烈感觉，就是如果能把《红楼梦》从头到尾的每个字词都搞清楚，那积累的词汇量将超过读完所有学校语文教材积累的词汇量。

兔 妈　我虽然没有读完《红楼梦》，但我相信这一点，《红楼梦》的词语的丰富性是无与伦比的。

羊 爸　至于它的修辞性，就更不必说了，诸如：比喻（明喻、暗喻、借喻），拟人，排比，对仗等。

兔 妈	对曹雪芹来说，修辞不过是小菜一碟。
羊 爸	再是思想性，情节的复杂性和统一性，前面已经说过很多了。
兔 妈	是的。
羊 爸	通过对上面一首诗和一本书的分析，我们可以得出结论，好文章和好书是有评判标准的。
兔 妈	这种评判标准是不是很专业啊？
羊 爸	是的。我原来也不知道有这些评判标准。以前我读文章，不能读懂作者的意思，总以为自己的理解能力不够。殊不知，天下的烂文章、烂书实在太多，不是我的理解力低，而是文章太差。太多的文章只是词藻堆砌、胡乱拼凑，根本没有知识性、艺术性可言。这些文章好比垃圾食品，甚至是三聚氰胺、塑化剂等有害物质，不但不能给大脑提供营养，还可能有害精神，伤害大脑。
兔 妈	看来，阅读很重要，但读好文章、好书更重要。广泛阅读容易，挑选好文章阅读有点难啊。
羊 爸	是这样。当今中国人，物质营养的问题基本已解决，精神营养不足不良的问题还较为严重。
兔 妈	你是怎么注意到这个问题的呢？
羊 爸	我是碰巧读了冯友兰的《贞元六书》和柏拉图的《理想国》受到启发的。

兔 妈	我听你说起过。
羊 爸	后来我又读了一些文艺批评理论方面的书。
兔 妈	哪些书？
羊 爸	亚里士多德的《诗学》，贺拉斯的《诗艺》，朗吉努斯的《论崇高》。对我影响最大的还是朱光潜的《西方美学史》。好文章的评判标准，并不是由某个权威者决定的，而是符合人性真善美升华的规律的。
兔 妈	也就是说好文章助力人性往好的方向发展。
羊 爸	是的。健全的人都有感觉、情感和思想系统。如同体育能够强身健体、增强人的身体素质一样，阅读好文章能够丰富人的情感，拓展并深化人的思想，提升人的精神素养。
兔 妈	是的。
羊 爸	完善人性的规律比数学规律、物理规律、化学规律难掌握得多，也很难说清楚。
兔 妈	对的，很难概括和提炼，不像"1+1=2"的数学公式概念这么精确。
羊 爸	是的，因为数学概念的边界很清晰，而性质概念的边界相对模糊。
兔 妈	也就是说，数学是最精确的，哲学其次，社会科学最不精确了。
羊 爸	你说得对。我们以一首诗和一本书为例讲了文学类好

文章和好书的标准，历史类、哲学类可能更难一些，这里就先不谈了。

兔 妈 以后有机会再谈。

羊 爸 前面我们讲了判断好的文学作品的五个标准，接下来我们讲讲如何选择书籍的问题。

兔 妈 好的阅读不只要认真读书，而且要选择好书。

羊 爸 是的。从印刷时代开始，书籍作品可以说多如牛毛。但绝大部分书籍都经不起时间的检验，最后都要被扔进历史的垃圾堆。只有经典作品经过无数后人的筛选，经过了几十年几百年甚至几千年的考验，保存了下来。

兔 妈 所以说看书要看经典，就是这个道理。

羊 爸 极少数作品经过几百年、几千年的筛选流传到今天，依然具有生命力，比如《红楼梦》和《荷马史诗》。

兔 妈 是的。

羊 爸 我发现一个现象，就是现在大部分人读书都是读现代作品，很少读经典作品。他们觉得经典书籍很高深，怕自己读不懂。

兔 妈 我也注意到了这个现象。

羊 爸 我认为大部分人的感觉错了，他们是被吓住了。实际上，经典的书籍看起来高深、有难度，但理解起来相对容易；相反，现在大部分书是模仿的产物，是抄的或者编造的，要么直白浅显没有深度，读起来乏味，要么胡编乱造、错误百出，反而难于理解。

兔 妈 我就喜欢读经典作品，因为我觉得经典能流传下来，肯定是当时有一定普及度，且为大众所接受。没有生命力的书，就会随着时间流逝而死掉。我很少追看热门的作品，就是想等一等，让别的读者帮我做检验。

羊 爸 读文章也好，读书也好，选择作品很重要。如果不加以选择都读的话，很多情况下是浪费时间。每一个领域的书都多如牛毛，真的好书没有几本。

兔 妈 但就人类社会书籍存量来看，好书也太多了，读不完的，还是要再进一步做选择，集中自己的关注领域。

羊 爸 因为人类文明发展到今天，文化体系已经相当庞大，内部分化程度相当高。人类的知识体系不是储存在一个人或者一本书上，而是分布式地储存在很多人和很多本书上，知识的传承也是如此。

兔 妈 没有一本书，哪怕是百科全书，能够囊括所有的知识；也没有一个人，能在他的有生之年掌握人类所有的知识。

羊 爸 是的，所以我们要选好书来读。一是找经典作品。二是看作者，一个好作者可能会写几本烂书，但一个烂作者是不可能写出好书来的。三是挑出版社，好的出版社不会出版一本烂书去毁坏它的名誉。特别是外国的著作，翻译也很重要，好的出版社，原著和译本的质量都很高，而差的出版社可能把关就不那么严，出版的作品就参差不齐。

兔 妈　看来我以后买书得仔细挑选了，特别是翻译作品，要留意出版社的口碑，有些很差的翻译作品比原文还难读。

羊 爸　关于什么是好文章、什么是好书，我们已经讲完了。接下来讲讲阅读的类型。

兔 妈　让我们继续。

羊 爸　我讲的阅读，指的是学校里的课外阅读，或者是从学校毕业进入社会工作之后，和工作没有直接关系的阅读。我们现在这个时代，微信、短视频流行，阅读的人越来越少。

兔 妈　你说的阅读应该是指长阅读，就是阅读有一定篇幅的文字作品。

羊 爸　是的。阅读有各种各样的目的，一种是消遣式的阅读，没有什么难度，读起来可以一目十行，现在的很多网络小说，以前流行的武侠小说等就属于这一类。第二种是欣赏式阅读，阅读之后可以获得美的体验，陶冶人的情操。我要谈的阅读是最重要的一种，也就是学习型阅读。

兔 妈　学习型阅读真的很重要，可惜被大部分人忽视了。

羊 爸　欣赏式阅读更多是情感共鸣式的阅读，而学习型阅读则是一种思想创造性阅读。情感共鸣容易，思想启发创造难。

兔 妈 学习型阅读冲击读者的思想，改变和完善旧观念，建立新观念。

羊 爸 是这样的。关于学习型阅读，我认为对文章和书籍阅读难度的选择很重要。

兔 妈 其实我大一学专业课的时候，老师推荐的一些经典著作很有难度，只能硬着头皮啃。

羊 爸 实际上是课程设计没有遵循循序渐进的原则，一上来的难度太高了。真正好的阅读要从最底层开始，循序渐进，难度一步步增加。这和学数学差不多，如果基础的算术都不会，怎么能学代数和微积分呢？

兔 妈 是的。

羊 爸 阅读必须选择难度合适的书，那么如何评定这个难度？

兔 妈 请你说说。

羊 爸 任何一篇文章，任何一本书，字词背后是作者头脑中的一套概念系统。作者头脑中的那些概念，有多少是读者头脑中已经有的，有多少是读者头脑中没有的？

兔 妈 你的意思是说，作者有而读者没有的概念越多，阅读难度越大？

羊 爸 是的，这个就是阅读难度。读者没有的概念的数量占比越大，阅读难度越高。

兔 妈 如果一篇文章文字背后的概念有一百个，读者头脑中有九十个，阅读难度就低；如果读者头脑中只有十个，阅读难度就高了。

羊 爸 是的。学习型阅读的意义，就在于接触到作者的新概念，然后受此启发在自己的头脑里也建立同样的概念。所以学习型阅读实际上是读者在原有概念之上建立新概念的过程，或者是概念之间的新联系不断建立的过程，也就是头脑不断生长的过程。

兔 妈 原来是这样。

羊 爸 在概念和概念之间，在概念和实物之间，在概念和语词之间，建立新的联系可能还不难，难的是新的概念的建立。概念不能照搬照抄，无法凭空从一个人的脑子里移植到另一个人的脑子里。读者头脑中新概念的建立，只能在自己原有的概念之上进行加工，形成一个和作者一致的新概念。

兔 妈 也就是说，只有头脑中建立了和作者一致的概念，读者才能明白作者文字背后的意思。

羊 爸 你说得很对。所以说头脑中的概念体系是一个生长的系统，新概念链接在旧概念的系统之上，新旧概念之间是有机的联系。随着新概念的不断建立，概念系统不断生长变大，如同小孩吃食物不断长高长大一般。

兔妈	这个比喻很好。
羊爸	如果说欣赏式阅读是情感的连接，那么学习型阅读是概念的创造。
兔妈	通过阅读不断扩充自己的概念体系，就能越来越容易理解别人的话，读懂更多的书。
羊爸	你说得很对。
兔妈	但是现在有些书是"为了概念而概念"，包括一些论文，空造一些看起来很专业的名词，实际上细究起来背后好像并没有新的内容。
羊爸	其实一些论文作者并没有掌握许多概念，或者有一个概念体系，他玩的是语词堆砌的游戏。如果你仔细找到词语背后的概念，你会发现其实是胡乱联系、逻辑不通的。
兔妈	是的。有的时候则是玩了偷换概念的把戏，这就犯了逻辑三大定律中的第一个定律——同一律。所谓同一律，是指在同一主题讨论中使用的同一个词语，背后应该有相同的概念。
羊爸	是的。我看文章或者听人说话，对逻辑性的要求都很高，不太注重表面词语的关联而更关注词语背后的概念。如果我发现对方违反了同一律，或者总是在偷换概念，或者自相矛盾，那么我就不会听信于他。一个人思维的混乱，必然会导致他实践的失败，因此他不

值得相信。

兔 妈 无论在文章的选读上，还是在社交的人选上，你讲的这点都很重要。

羊 爸 通过十几年的广泛阅读，我大脑里的概念系统（也可以称为概念之树）不断成长，这是我人生中最大的收获。

兔 妈 我在你的影响下，这几年坚持阅读，并经常和你谈论，感觉自己的精神境界也有了很大的提升。这种幸福感是用金钱买不到的。

羊 爸 一个人经过长期的阅读积累之后，他的理解能力就会增强，不管是听人说话，还是看文章，都能马上领悟对方的意思。

兔 妈 是的。消遣式、欣赏式的阅读主要是为了追求感官和情感的体验，而学习型阅读是为了思想的提升，虽然它的过程比较吃力，但收获却是最大的。

羊 爸 是这样。说到体验，我再讲讲最主要的一种阅读类型，就是对文学作品的阅读。

兔 妈 诗词歌赋和小说等文学作品的阅读是最常见的一种阅读。

羊 爸 你知道为什么文学比哲学对大部分人的人生影响更大吗？因为文学注重人的情感，而哲学注重人的思想。人的进化和发育，是先有感觉系统、情感系统，后有思想系统的。人与人之间的感官、情感和思想的差异性是逐级增加的。

兔 妈 人与人之间，视觉、听觉、味觉等感官的差异性应该不大，喜怒哀乐等情感差异会大一些，语言思想的差异性应该是最大的。

羊 爸 这也就意味着，文学更具有普遍性，或者说更好的可读性，有更广的适读人群；哲学可读性较差，适读人群相对较窄。

兔 妈 是这样。

羊 爸 文学是关于人性的艺术，人性中最突出最重要的部分是情感性。有道是"世事洞明皆学问，人情练达即文章"，不管是在亲戚朋友圈里、公司里，还是在社会交往中，人情世故都很重要。一个人人情世故做得怎么样，或者说他的情商怎么样，取决于他在对人性的理解基础上的历练。而要理解人性，阅读文学作品是一个很好的手段。

兔 妈 很多人没有意识到这一点。

羊 爸 一个人，如果想读懂中国上层人士的人性，可以看《红楼梦》；如果想读懂下层人士的人性，可以看《金瓶梅》。

兔 妈 还有这个说法啊？

羊 爸 一个人从出生开始所接触的人是非常有限的，在家里是家人和亲戚，到了学校是老师和同学，到了办公场所是同事等。实际上接触的人无论是在数量上还是在类型上，和社会总体比较都是很少的，他所接触的这些人不足以完全反映人性的多样性。

兔妈 这个怎么讲，请继续。

羊爸 但是在文学作品中，你就能读到一些和生活中接触的不一样的角色，这点是很重要的。仅凭与家人、亲戚、同事、同学这些人交往所掌握的人性经验和知识，是不足以支撑你和一个陌生人交往的，特别是当这个陌生人拥有较高的社会地位时。所以你只能通过文学作品去找到这种人的原型，在交往过程中慢慢往你熟悉的角色上去靠，比如这个陌生人像王熙凤、贾政、薛宝钗等。

兔妈 这么说的话，我觉得除了文学作品，还可以通过其他方式看到更多的角色，从而帮助理解人性，比如说影视作品、戏剧等。

羊爸 影视作品也好，戏剧也好，都是文学作品的延伸，是文学作品的形象化。比如美国电影《乱世佳人》，是先有小说《飘》，后有电影的。先有文字作品，再有影视作品，而不是反过来。

兔妈 你说得对。大部分影视作品都是根据相应文学作品改编的，就算是原创，也是有剧本的，编剧进行的还是文学创作。

羊 爸　通过阅读文学作品，你能了解更多的人性；了解更多的人性，就有利于你跟各种各样的人交往，做到八面玲珑；懂得人情世故，就能帮助你在人群中成为一个受欢迎、被接受的人，而不是成为一个被讨厌、遭排挤的人。阅读文学作品的好处就在这里。

兔 妈　我发现语文教育并不是毕业了就结束了，正相反，离开学校进入社会的自我学习更重要。阅读是一场终身的"自我教育"，读得越多、懂得越多，天地就越广阔，也就能更好地和世界、和人们相处，更好地做事做人，从而获得人生的幸福和成功。

羊 爸　你说得对。

关于语文教育的对话就说到这里，接下来我们还有两次对话，关于数学和物理的学习。

漫谈学数

羊 爸	前面我们谈了如何学好语文，这次我们谈谈如何学好数学。与语文科目不同，我在学习数学的过程中并没有遇到过很大的困难，感觉好像没什么有价值的内容可讲，所以请来了牛弟分享。牛弟是同济大学数学系毕业的，应该说数学科目学得相当不错，下面我们就一起谈谈数学学习这个话题。
	在升入大学之前，语数英对每一个学生来说应该都是主课。如果按文理科目来分，有的人偏文科，有的人偏理科。牛弟的数学专业是纯理科；我学计算机的，是理工科；政治专业的兔妈则是文科女。我想问问大家在偏科方面的问题，我先讲讲自己，我是严重偏理的。但在文科方面，我也有偏科，我的英语不错，但语文就很差。之前关于自学语文的对话，就是想跟大家分享我补语文短板的经验。
牛 弟	好的，我是第一次加入对话，想听你谈一谈。
羊 爸	我们小时候有句口号是"学好数理化，走遍天下都不怕"，当时听了之后就觉得数理化很重要。其中数学是小学就开始学的，初中学了物理，高中才有了化学，是这样吗？
兔 妈	我们那时候初中有门课叫科学，没有化学。

牛 弟	对，化学是高中才开始学，我的高中班主任是化学老师，在此之前没有关于化学的印象。
羊 爸	牛弟，你读书时偏科吗？对哪些科目比较感兴趣？
牛 弟	我对语文没兴趣，对数学有兴趣。
羊 爸	那么其他科目怎么样呢？
牛 弟	英语我不是很喜欢，物理还可以。
羊 爸	也就是说，你喜欢数学和物理，不喜欢语文和英语，是这样一个情况对吧？我们稍后可以谈谈喜欢和不喜欢背后的原因。兔妈也来讲讲你对这些科目喜欢的程度，以及成绩怎么样吧。
兔 妈	其实我小学的时候数学还比较好，还读了跨年级奥数，初中进的是重点班，但是从初三开始就感觉数学学习有些吃力了，产生了畏难情绪。对于高中阶段学的九门课（语数英、物化生、史地政），除了数学之外，我基本上都是均衡发展的，虽然可能课余并没有太多的兴趣，但还是挺喜欢上课内容的，考试成绩也不错，基本每一门都保持在班级前十。
羊 爸	这么说，你基本上不是很偏科，成绩还是比较均衡的，而且数学刚开始的时候也没有碰到什么难度，直到初三。那么你在其他科目中有没有哪门课是特别突出的？
兔 妈	文科的科目排名稍微好一些，政治考过几次年级第一，但是我对政治科目本身兴趣并不大。

羊 爸　　就是说你会考试。

兔 妈　　对，只能说是擅长考试。

羊 爸　　我记得自己初中时有一次政治也考了 100 分，老师碰到我时竖了个大拇指，但我当时连政治是什么也搞不清楚。

　　　　　　我们再接着聊些具体的问题，比如在数学这门科目中，你们考过几次满分？

牛 弟　　那很多了。

羊 爸　　有没有考砸过，考过低分？

牛 弟　　基本没有考砸过，考得差一点的时候也就扣个几分。

羊 爸　　因为什么原因扣分呢？

牛 弟　　有两种原因，一种是粗心，另一种是题目难度高，特别有挑战性，做不出来。

羊 爸　　兔妈，你数学有考过 100 分吗？

兔 妈　　小学之后就很少了，高二下学期的期中和期末考试数学还挂科了。

羊 爸　　这么说你和牛弟的情况完全不一样，你是几乎没有得过满分，还挂过科，他则经常得到满分。我的情况就和牛弟差不多，数学一般来说成绩都是 90 分以上，满分也经常有。

　　　　　　刚刚牛弟说到他喜欢数学，不喜欢语文，这里又引出来一个问题，数学和语文按照一般分类可以看作理科和文科，那么从学生学习的角度来看，这两个科目究竟有什么不同之处呢？

牛 弟 我喜欢数学，就是因为数学试题最终能获得一个确定的答案，而且答案具有唯一性；语文试题的话可能只有一个"参考答案"，每个人都有每个人的说法和标准。我更喜欢数学，因为寻找唯一性、确切性答案的过程可以给我带来比较多的快乐。

兔 妈 英语的语法题、听力题也可以说是存在唯一的答案，而你好像并不那么感兴趣。

牛 弟 英语试题和答案只是一个匹配的过程，数学则有一个逻辑推导的过程，就像走一个迷宫一样，从一头进去，然后通过一个个红绿灯、十字路口，最后从出口出来，我觉得这样趣味性更强一些。

另外一个原因也可能跟性格有关系，一般善于语文学习的，可能在语言交流上也更擅长，经常进行对话；数学则是自己和自己的内心在对话，我的性格更偏向后者。

羊 爸 我的情况则是这样的，刚开始我也挺喜欢语文，也想把它学好，但不知道为什么就是学不好。数学的学习上好像就没遇到过什么困难，老师说的我都马上能够理解。而且数学一旦会了就永远会了，不像语文，可能今天理解了，过一段时间又理解不了了。

牛弟刚才说了他为什么喜欢数学，因为数学试题有唯一的、确定的答案。比如一道数学应用题，用四个已知数求一个未知数，那么就可以通过已知条件，经过几步推导过程解出未知数。而推导过程本身就像他刚才说的走一个迷宫一样，找到了出口就有成就感。

另外一点可能和人的个性有关。数学的答案是非黑即白的，要么对，要么错，没有居中状态，而语文经常出现答题对一半的情况。

兔 妈 是这样，语文的阅读理解题经常出现半对半错的情况。

羊 爸 所以我觉得数学更偏向纯理性的思维，就像计算机中的半导体晶体管，它的状态要么是 0，要么是 1，没有其他状态。

第二个区别是，你们有没有发现数学这门学科，和生活经验、社会变迁关系好像都不大。我的爷爷奶奶那个年代，电视机都没有，而我们现在已经用上了智能手机，但是教科书中的数学公式还是一样的。语文的差别就很大，祖辈当时学的可能是文言文，后来出现了白话文，现在教材的课文基本上以现代文为主。

兔 妈 被你这么一说，好像是这样。

羊 爸 可以说语文教学的变化比较大，而数学教学相对变化较小，不同时代都适用。一个人不需要很多的生活经验，沉浸在自己的数学王国里面也挺好的。所以我们会发现，通常数学学得好的人是不善于社交的，一个不善于社交的人，语文要学得好就难度大了。

这是我的个人体会，兔妈你也从你的角度来分享一下语文跟数学的区别，以及对男生女生的适用性吧。

兔 妈 就我自己来讲，我比较擅长语文，但并不擅长和人打交道，然而也不能因此说我没有对话，我通过阅读和文章、书本的作者进行了大量的对话。

此外，你们都觉得数学知识一旦学会了就不会忘掉，语文则要反复理解，但对我来说情况可能恰恰相反。我学习数学的过程就是不断遗忘的过程，可能一个寒暑假之后公式就都忘光了，要重新学起，而其他科目就不存在这种情况。我记住东西一般都是理解性记忆，可能数学太过抽象了，我只是机械地记忆，并没有自己推导过。就好比老师给我一套尺规，我拿着这套尺规去做题，等假期一过，这套尺规就不知道被我放到哪里去了，又要重新捡起来。

羊 爸 针对兔妈刚才说的容易忘记公式这一点，牛弟你怎么看？你会有这种情况吗？

牛 弟 没有，公式一旦掌握我就永远不会忘。如果容易忘记的话，说明还是没有用心记住，或者对推导的过程不太关心，只是记下现成的结果，而没有理解背后的原理。

兔 妈　是的，很多时候我只是记现成的公式，没有理解背后的推导过程。

羊 爸　我和牛弟一样，也是公式一旦记住了，就永远不会忘。我对公式背后的原理很感兴趣，会自己去推导结果，所以印象深刻。比如说三角形三个内角之和等于两个直角之和，我当时看到这个定理感觉很神奇，后来通过几何作图，运用平行线公理一步步论证出来了，推导到最后确实是这个结果，让我不得不信服，也牢牢记住了这个规律。

数学很多规律其实并不是直观的，三角形三个内角之和等于两个直角之和，不是一眼就能看出来的，要通过推理才能得出。这些神奇的定理经过严谨的推导过程，最终得到的答案让我信服，我就会永远记住。

数学公式容易忘记的另一个原因可能是公式用到的符号，比如未知数 x、y、z，圆周率 π，它们对不同的人的刺激不一样。我对这些符号比较敏感，小时候看到这些符号就觉得挺好玩的。但是有些不擅长数学的女孩子可能看到这些抽象符号就难以理解，更助长畏难情绪。

兔 妈　确实，之前在工作中需要学一些经济学的知识，我看到公式里的符号就觉得头大。而且我还常常会对符号产生困惑，比如公式里的一些变量为什么一定要用某几个特定的符号来表示。

牛 弟　我对符号的感觉是中性的，觉得符号只是解决数学问题的必要的工具。至于为什么选用特定的符号表达数学概念，我可以来回应你的疑惑，比如 π 和 Σ，都来自希腊字母。

羊 爸　从我们三个人的不同情况来看，从接触数学开始，我们天生就表现出了不同的敏感度。可能兔妈对数学的畏难情绪就和不喜欢这些符号，甚至是讨厌它们有关。

牛 弟　而且数学符号更加抽象，不像文字符号对应具体的事物。

兔 妈　是这样，我对具象的文字更敏感，而不喜欢抽象的符号。

羊 爸　刚才牛弟提到了很多数学符号来自希腊字母，在古希腊，数学是一门专门的学科，这说明古希腊的数学已经发展到了相当的高度。数学主要包括算术和几何两大内容，古希腊当时主要是几何和算术，代数是后面才发展起来的，是这样吧？

牛 弟　是的，古希腊有《几何原本》，而代数的发展要到公元800 年左右的阿拉伯人，相当于中国唐朝末期的时候。

羊 爸　这么算起来的话，数学这门学科实际上并不算很古老。我们可以来探讨一下，你们觉得数学和医学哪个更古老？

兔妈　　"医学"应该如何定义呢？是指作为专门学科的"学"，还是更狭义的现代医学呢？

牛弟　　我觉得是数学更古老。

羊爸　　应该是医学。当然这里讲的医学不是作为一门正式的学科，我觉得从人类存在的时候开始，有人生病、受伤，某个原始人捡了点草药让病人吃下去，或者敷在病人的伤口上，就算是医学，包括请神驱鬼的巫医，都可以算。医学如果作为一门实践的学科来算，肯定比数学更早出现。

兔妈　　那么当一个人形成了数量概念时，能不能说产生了数学呢？

羊爸　　我觉得并没有，我们可以进一步探讨。医学在古时候是有实践价值的，关系到人的生死，而数学似乎可有可无，不学也无所谓，所以肯定是医学更重要。对人类更重要的学科必然是首先发展出来的。

兔妈　　比方说数学中的空间和数量概念，涉及采集、打猎等生产活动，也和原始人的生存息息相关。

羊爸　　你提到的这个点很好，既然你提到了数量概念，我们可以先探讨一下算术的诞生。说到算术首先应该想到数字，那么数字背后是什么呢？是数量。人脑中数量概念的形成，可能就标志着人类走向理性的开始。现在的低等动物没有数量的概念，哪怕是极为聪明的猩猩，头脑中也不见得会有清晰的数量概念。

牛弟 有科学实验表明，动物头脑中有"多"和"少"的概念，但不会真切地数数，也就是没有清晰的数量概念。

羊爸 那么，人类的数量概念是怎么形成的呢？而且表达数量概念的那些数学符号，也是千差万别的，所以我们首先要明白数量概念和数字是两回事。比如说，阿拉伯数字引入中国是很晚近的事情，古籍中都是用汉字表示数量概念。但在阿拉伯数字被引入之前的漫长的几千年里，中国古人的头脑中肯定已经产生了数量概念，只是没有创造专门的数学符号系统来表达，而是通过已有的语言符号来表达，这样效率很低。

兔妈 是的，我记得在网上看到过晚清的"高数"课本，用"天地甲乙"代表未知数 x、y、z，用"彳"和"禾"这两个取自微分和积分的偏旁来代表微积分号等，导致数学公式显得无比复杂臃肿，非常不利于教育的普及。

羊爸 不仅是中国，在世界范围内看，用阿拉伯数字来表达数量概念都是效率选择的结果。现在一些钟表上仍然在用罗马数字，用 X、I 等符号，表示 4 的话要用 5 再去减 1，后来也被淘汰掉了，阿拉伯数字是当下效率最高的选择。

我们在刚才的对话中已经提到，数量概念的形成是比较早的，在全世界各个历史阶段、各个文化中，可能会发展出不同的符号体系来表达这些数量概念。你们发现没有，先有语言符号，再有数学符号，数学符号是作为一种专门的语言符号，从原有的语言符号系统里面独立出来的。但是古代中国好像没有发展出一套独立的数学符号系统。

兔 妈　这可能和语言符号是象形文字还是字母文字也有关系。

羊 爸　应该是这样。我们再进一步探讨数量概念的形成过程，你们认为是先有 1 的概念，还是先有 0 的概念呢?

牛 弟　我觉得先形成多和少的概念，没有 0 的概念。

兔 妈　我也知道 0 的概念是很晚才出现，是一个伟大的创造。

羊 爸　当然，多和少的概念要先于 1 的概念。我们可以探讨一下，数量到底指的是什么。

牛 弟　数量就是"量"。

羊 爸　"量"可以指代很多种意思，数"量"是"量"，质"量"也是"量"。关于数量概念我可以举个例子，之前在书里读到过。有一个原始部落，这个部落中的语言系统没有对应的词去表达大于 5 的数量概念，也就说明部落成员头脑中没有办法精确地形成超过 5 的数量概念。从进化角度来看，可想而知动物就更没有数量概念了。

牛 弟　我觉得人类社会发展到一定阶段才出现精准的数量概

念，当要把生产和劳动获得的产出进行交换的时候，才会有意识地去计算交换是公平的还是吃亏的。因为计算是一种消耗性的活动，除此之外没有必要动脑筋。

羊 爸 对于数量概念的产生，我有一种假说。

兔 妈 请讲。

羊 爸 当人类进化成直立行走后，视野大大扩展，可以轻松观察到上下左右四方，这是其一；当人类从狩猎和采集经济发展到农耕经济之后，就要"靠天吃饭"，依赖于气候变化，这是其二。我们可以想一想，气候又和什么有关呢？

牛 弟 气候和天文有关，更准确地说，是日月星辰。

羊 爸 对，而且其中日月是对气候影响最大的两个天体，白天、黑夜轮流出现。我认为人们头脑中 1 的概念的形成，最早就来自太阳和月亮。白天一个太阳，晚上一个月亮。因为它们挂在天空中最是显眼，对农耕的收成影响也最大。当然，这只是我的一个猜想。

有了 1，就有了之后的 2、3、4、5，甚至还生成了特殊的符号去表达巨大的数量概念，比如亿、兆，这就是数学的简洁之处。我们说回来，有了数量概念之后，就会有加减乘除这些运算符号出现。实际上，是先有加减后有乘除，乘除是加减的一种简化。比方说 100 个 5 相加和 5×100，后者可以看作前者的一种简化。

牛 弟　后者的确更为简洁。

羊 爸　我猜想加减乘除这些运算的产生可能是基于人们的交换活动，或者借与还的行为。你们有没有发现，只有商业行为才会面对巨量的货物概念，否则单门独户无论如何也不可能生产出这么多东西，但如果是部落之间的交换活动，量就上去了。

牛 弟　也就是说，商业促进了数学的快速发展，因为商业涉及大量产品的计算，算术的发展最初还是基于实用目的。

羊 爸　说得没错。我们到这里算术就算谈完了，接着讲几何。几何学是一个纯公理系统，总体而言是一门演绎学，它的特点就是几条不证自明的公理，通过推演几乎可以演绎出一切。比如通过平行线同位角相等、内错角相等，可以推出三角形三个内角之和等于 180 度，也即两个直角之和，每一步都清晰明确、令人信服。
我想问问你们，几何学为什么会出现？

牛 弟　有说法是尼罗河经常泛滥，古埃及人要丈量土地，计算土地的面积，几何学就此诞生。

羊 爸　所以几何学的出现同样和农耕有很大的关系，而且它的出现也离不开数量概念和数字符号。比如说勾股定理也是把数量和形状联系在一起的，将直角三角形斜边和两条直边的关系用数量关系来表达。

先有算术、数量概念和运算符号，才有几何学，用数量把几何的形状表达出来。从古埃及人丈量土地，到欧几里得的《几何原本》，这中间其实已经有了很多的铺垫和积累。

牛弟　《几何原本》是当时的集大成者，把这些积累系统化了。

羊爸　是的，也是在前人的基础上所取得的成就。数学实际上可以看成两大分支——算术和几何，后来的代数也好、拓扑也好，都是从这两个根上发展出来的。

牛弟　是的，无非是这两大领域，像笛卡尔发明的解析几何，相当于把数量和形状结合在一起，也是这两大分支的交汇，这种工具就更加方便、直观。

羊爸　如果我们尝试从哲学层面进行分析，也是符合规律的。我们人眼之所以能辨别外界的东西，是因为不同的颜色把物体之间的分界线标示出来了。

兔妈　也就是说，颜色描绘了万物之间的边界。

羊爸　正是这个意思。有了边界，才有数量的概念，否则就是整体模糊一片的混沌世界。太阳、月亮之所以是一个，是因为它们和天空有着清晰的边界。人眼的视觉细胞是三种类型的，能感知这个多姿多彩的世界，能够看到相互独立的世间万物，在此基础上才会产生数量概念，并且通过数量概念去理解和描绘这个世界。

兔妈　太神奇了。

羊 爸 但是，仅凭数量概念去把握世界万物是远远不够的，因为数量抽离了物体的颜色和形状属性，一个玻璃杯和一张桌子在数量概念看来都是"1"。因此我们就需要第二种概念——形状。但世界万物的形状各不相同，比如不同种类的花朵，花瓣的形状是不同的，而几何学就是表达这些形状的简洁方式。

牛 弟 请展开讲讲。

羊 爸 几何抽出了物体形状最基本的几个要素，也就是说用这几个要素就足以把任何一个事物的形状表达出来。这几个要素就是点、线、面、体。曲线从某种角度来说也是直线。

兔 妈 这种说法很新奇，我不太理解。

牛 弟 曲线放大无数倍后就是由一根根直线组成的，也就是微积分所计算的切线。所以说曲线是无数条直线的和，只不过是微小的直线。

羊 爸 你解释得很好，同样再到面的概念，曲面也可以看作是由无限个微小的平面组成的。最后是三维的"体"的概念。点、线、面、体，几何的四要素是人脑高度抽象得出的结果，通过这四个要素，可以表达任何外物的形状。这就是几何学的伟大之处，它是一种高度抽象的，用来观察和描绘世界的强大的思维工具。人类的进化发展史上，像算术和几何这种思维工具的出现，不亚于刀耕火种和铁器这些实物工具的出现，可以说算术和几何用思维表达了世界上的万物。

兔 妈　其实反过来就是限制了，或者说规定了我们理解事物的方式，就像斯宾诺莎说的"一切规定都是否定"。

羊 爸　这要看如何理解，数学是一种强大的工具，能够带来强大的力量，至于这种力量是好事还是坏事，很难说清楚。

兔 妈　至少比前面提到的那个原始部落只能数到 5 的数量概念要好。

羊 爸　这是自然。我常常觉得，现在的数学教学把算术理解成简单的计算工具，是低估了数学的作用。从某种意义上而言，人之所以从原始人进化成文明人，正是掌握了数学这种抽象理性的工具。这种掌握能力一方面来自先天的遗传，另一方面就要依靠后天的教育，一个只能数到 5 的原始部落是不可能诞生出数学天才的。

牛 弟　我还想补充一点，数学和现代科学也不一样，像物理、化学领域的研究，除了理论的推导以外，还需要通过实验验证或者否定假设，是实证的学科，而数学完全依赖逻辑推导，是纯粹的抽象理性。

羊 爸　是的。我想再问一句，你觉得数学规律是一种发现还是发明？

牛 弟　我觉得是发现。

羊 爸　　我也倾向于是发现，数学规律实际上可能就是宇宙的奥秘。

牛 弟　　或者也可以说就是上帝的语言。

羊 爸　　这个说法听起来有些玄。总之，可以说数学研究就是不断发现宇宙之间各种力量的关系。

兔 妈　　数学可能是最接近真理的。

羊 爸　　同意。

漫谈物理

羊 爸	我们来谈谈物理，在开始前，我想请各位先回忆一下自己的在校物理学习经历。我记得我学物理是从初中开始的，小学没有物理课。羊姐，你是第一次参加对话，你的物理学得特别好，先请你说说。
羊 姐	好的。我们那个年代，初中开始有物理这门课，我记得中学的物理老师对我的帮助是最大的。
羊 爸	那么在学物理之前，你的数学学得怎么样？
羊 姐	数学其实挺一般的，但物理成绩确实很好。
羊 爸	我知道，你的语文好像和我一样是比较差的，数学肯定比语文好，物理比数学更好。我的感觉是，如果数学很差，物理是不可能学好的，越是学到后面就越难。
羊 姐	是的，比起语文，我的数学相对更好，但和物理比起来只能说一般。我物理学得好，应该说和物理老师教得好有很大的关系，一个老师能够把重点讲清楚、让学生理解，这点很重要。
羊 爸	除了课堂教学之外，在你成长的过程中，你喜欢观察自然界吗？比如花草树木、日月星辰？
羊 姐	我的确对这些感兴趣，那时候流行观察彗星、月食这类天文现象，我也同样关注这些话题。在群星面前，我们所有的人都是小小的尘埃，在这种比较中一下就

显示出了世界的广阔和人类的渺小。

羊 爸 以为自己是宇宙中心，没想到只是宇宙的一粒尘埃而已。人类通过观察星空打开了科学大门，而你可能属于那种会去仰望星空而喜欢思考的人。

羊 姐 记得哈勃空间望远镜的新闻我还做了剪报，应该也是受了当时社会风气的影响。

羊 爸 那个年代社会相对闭塞，对外界信息的流入应该都会觉得很新鲜。那么牛弟你呢，对自然感兴趣吗？

牛 弟 不是很感兴趣。

羊 爸 这个挺有意思，为什么在对自然界不感兴趣的情况下，物理还能学得好呢？

牛 弟 我对用物理方法解决实际问题比较感兴趣。比如从日常经验来说，一般都会觉得重的东西下落速度快，但是伽利略通过比萨斜塔实验证明是错误的。所以通过物理的学习，我能不断纠正原先自然带来的朴素的物理观和科学的物理观之间的落差，不断发现自己原先一些直觉的判断原来是错误的。而且，我发现物理的方法有时候更简单、巧妙，像曹冲称象和阿基米德计算浮力的故事，如果用数学的方法是很难求解的。

羊 爸 所以钻研数学和物理的背后还是好奇心的驱动。

羊 姐 我觉得和教学方式也有很大关系。我们的物理老师之前去云南支教过，后来又回上海，也许是因为在那边需要自编自教的缘故，我觉得他的教学方法不那么死板，比较符合我们学生的心理，所以我们一听就能懂。

羊 爸　你觉得老师教得好，你一听就懂，但你的同学未必如此，否则你也不会成为班上的物理尖子。可能还有其他因素，比如一方面你在物理学上具有一定天赋，所以理解起来比较容易；另一方面，你和老师恰好投缘，你适应老师的教学方式，老师也正好喜欢你这种类型的学生，因此特别关注你，你觉得自己受到重视，自然也会学得更好。问题是，你的同学未必都能做到这一点。

羊 姐　确实有这种可能。

羊 爸　兔妈，你是从几年级开始接触物理的?

兔 妈　物理作为正式的一门学科是在初二的时候，但我们在预初和初一有一门叫"科学"的课，会介绍一些物理、化学、生物的基本概念，还有科学思维方法等，比如物体三态的变化、力与运动、地球矿物资源等。

羊 爸　也就是说，这门所谓的"科学"实际上教的内容是物理、化学、生物三门学科的综合。

兔 妈　是的，因为小学里没有学过这些，先打个基础。除了课堂学习之外，当时的科普读物也同样促使我对物理产生了兴趣，比如《十万个为什么》系列，还有《小哥白尼》这样的少儿科普杂志。这些科普读物文学性比较强，文笔生动有趣，又配有好看的插图，让孩子更加容易接受。

羊 爸 对，当年曾经有大量的科普作品涌现出来。我认为，科学的内容如果不用文艺的表达方式，对小孩来说是没有太大吸引力的。

羊 姐 确实是这样。还有，如果老师在教学的时候把课本知识和身边的现象结合起来，也能激发学生的兴趣。我觉得我们老师就是这一点做得比较好，比如把热传递、物的三态变化发散到日常生活的经验里去，这样就产生互动感了。

羊 爸 说白了，就是传授的知识要同感官经验相结合，否则理解起来就会比较空。

羊 姐 对，不能硬教，搞名词解释很死板，这样学生是学不好的。

羊 爸 还有形式也很重要，比如采用美术的形式，配上颜色丰富的绘画，可爱、生动，孩子更容易接受。

羊 姐 是这样。

羊 爸 既然你物理学得好，那么从学物理开始到进入大学之前，你的物理成绩肯定很好吧，考过满分吗？

羊 姐 好像没有，倒是在大学里考过满分。

羊 爸 你们当时高中4个班，有几个人考进了重点大学？

羊 姐 那时候有重点大学分数线，一共有6人过线。

羊 爸	这么算起来，平均一个班级才 1.5 人。
羊 姐	后来我们重新分班，我在提高班里，过线的学生都在我们班，其他班一个都没有。
羊 爸	应该还有很多人考中专技校吧？那时候中专技校毕业，工作包分配，也很受欢迎。
羊 姐	是的，但具体多少记不清了。报名考大学的人也都去考中专技校的，只是如果过了重点大学分数线，肯定还是会选择去上大学。
羊 爸	如果按一个班级 40 人左右计算，160 个人里只有 6 个人上了重点大学，而你就是其中之一，肯定是无可置疑的佼佼者了。
羊 姐	一般般啦，我是擦着分数线上大学的，360 分，没有多一分，也没有少一分。进这个专业也是侥幸，正好要收一个数理化好一点的学生，所以就进了。
羊 爸	你的兄弟姐妹参加高考了吗？
羊 姐	当年我跟我哥哥一起考的，他是从农场考回来的，考上了大专，很不容易。两年以后，我弟弟考进了复旦大学。
羊 爸	一家三个孩子都考上大学，真的是非常令父母骄傲的事了。牛弟你呢，你的物理成绩应该很优秀，有没有得过满分？有没有考砸过呢？
牛 弟	得过满分，也考砸过，但比较少，那是卷子难度高，

全班都考砸了。高考物理满分是 100 分，我好像就扣了两三分。

羊 姐　那挺厉害的。

羊 爸　兔妈你呢？你的物理成绩怎么样？

兔 妈　我的物理成绩还行，一般都是稳定在班级前十，但因为我们不是重点班，所以算不上特别拔尖的水平。

羊 爸　我也来分享一下自己当年学习物理的情况。我对物理学习的印象并不是非常深刻，因为觉得相对来说没有数学那么重要，大家的关注度也不是那么高。我的物理天分可能不是很高，但是我对自然现象比较好奇，尤其是运动的现象，比如会观察雨滴在车窗上留下的痕迹，车速快慢不同，痕迹的形状也会不同。

羊 姐　知识和身边的现象建立联系，就会生动，不死板。

羊 爸　对，一定要同感官经验结合，而要获得更丰富的感官经验，就要走出家门，走到大自然中去。现在的孩子都抱着手机，但手机仅仅是虚拟的视觉而已，能获得的感官经验是很有限的。

兔 妈　那么现在流行的虚拟现实（Virtual Reality，VR），甚至研发中的脑机接口，是不是有可能代替大自然中的经验呢？

羊 爸　目前来说，VR 只能实现视觉和动作的交互，还不能模拟其他的感觉，也不能真正做到让人身临其境。当然，如果未来的发展确实很有潜力，比如通过植入脑电波，也可能让感官有先天缺陷的人体验健全人的世界。

兔 妈　是啊，由此可见，科技发展会给人类的认知方式带来冲击。

羊 爸　回到物理这门学科，和我们之前谈论的语文、数学相比，物理好像没有那么重要。牛顿力学、爱因斯坦相对论，影响到关于世界观的基本理解，也影响了人类社会的发展进程。但物理和个人财富并没有多少关系，三门学科中，和财富最相关的是语文，其次是数学。

兔 妈　化学也是。现在有种说法，把"生化环材"（生物、化学、环境、材料科学）称作四大天坑专业，说明物理、化学专业的学习过程比较艰苦，就业前景也不乐观。当然对大部分文科专业来说，就业难更是普遍存在的，区别可能只是其中哪些专业更适合考公考编。

牛 弟　我觉得对个人财富来说，最重要的能力是语文的能力。理解他人说话，能读懂文章，有演讲和表达的能力，能够让人掌握巨大的能量。数理化好的人，往往也就是充当工具，到不了社会顶端的位置。

兔 妈　文科生的差异很大，在社会上要么很成功，要么很落魄；理科生走专业技术路线，职业预期相对比较稳定一些。

羊 爸　对大部分学生来讲，求职最直接的目的就是获得工资，而收入高低和行业相挂钩。但严格来说，职业和大学所学的专业关系并不是很大，而是取决于产业。不同的时代，会诞生不同的产业。腾讯这家公司才诞生了20多年，一年营收几千亿元，真是个奇迹。所以说收入高低还是和产业相关，而产业又和市场需求有关。

羊 姐 专业的设置，应该根据社会发展的程度不断更新。

羊 爸 当然，能紧跟社会的需要就好了。学生对专业的选择实际上还是以利益导向，或者收入导向为主。收入高的兴盛产业，自然会吸引更多人选择。

兔 妈 近几年不同学校、不同专业录取分数的变化也反映了这一点，只是大学本科需要读四年，专业的选择与社会的实际情况相比有一定的滞后性。

羊 爸 对的，总体上来说还是要同产业的变迁相适应，所以最好再学一点经济学。我曾总结过，除了语文，人生两门学问不可或缺，一门是数学，另一门就是经济学。学了经济学，才能理解财富，这是另外的话题。我们还是回到物理，为孩子学习物理学科提供一些借鉴。

兔 妈 就我接触到的物理学研究者，大都曾经被科普作品或者科幻电影激发了兴趣，虽然这些作品的创作者未必是资深的物理学家，但是他们正是被这些文学作品吸引，从而立志从事物理学最前沿的研究的。

羊 姐 我认为启蒙老师也很重要，像我高中遇到的物理老师讲得就很好，让学生容易接受。

牛 弟　我觉得物理和数学不同，数学是纯粹抽象的推演，而物理需要和实际生活、实际问题联系起来，否则就会显得空。比如牛顿的力学大大推动了社会生产力的发展，而他其实是一个集大成者。从古希腊、古埃及时期开始，在建筑建造的过程中已经有很多物理系统的应用，比如杠杆原理。提到物理学的发展，我们现在往往容易想到几个明星人物，比如伽利略、爱因斯坦，其实是把系统的传承碎片化了。

羊 爸　人类应该是在进行生产创造活动中，比如建造金字塔、引水灌溉农田时，发现了一些现象和规律，然后进行实验，最后通过公式和定理对经验进行总结，从而诞生了力学、电磁学等的。有些现象和规律是古人以前就发现的，或者思考过的，但要等到很久之后才能得到证明。比如富兰克林做了风筝实验，才证明闪电不过是电流；麦哲伦通过环球航行，才证明了地球是圆的。

牛 弟　所以牛顿的那本著作名叫《自然哲学的数学原理》，而不叫物理。他用数学解释自然现象，这就是物理的起源。

羊 爸　所以说数学还是基础学科，没有数学的发展，哪有物理学的发展呢？

接下来，我想从哲学的角度谈谈物理。前面我们讨论过算术和几何学的产生，现在让我们来谈谈物理学是怎么产生的。世界万物几乎都处于运动状态，以地球为例，它一边绕着太阳公转，一边在自转，这里就存在两种最基本的运动——位移和旋转。那么，是什么导致万物运动的呢？

牛 弟　是万有引力。

羊 爸　对，这里就引出了力的概念。运动需要通过距离和时间进行描述，因此里面又有时间和空间的概念。先有时空概念，再有运动概念，然后有速度概念，之后才引出力的概念。力的表达式是 $F=ma$，你会发现其中还包含着质量的概念。这个质量不是我们通常所说的"商品质量"，它不同于重量，和引力无关，也和化学属性无关。无论是金属还是棉花，都可以用质量来衡量。所以物理学从本质上来讲，是关于质量的学问，关于力的学问。

牛 弟　是的，包括电磁学的磁力线，也是用力的公式来表达，然后通过速度、时间、距离、质量这些变量来推导。质量作为一个抽象概念，它的出现是很伟大的。

羊 爸　同样，力的观念实际上并不是一个初级的抽象观念，而是从时间、空间的观念一步步推导、抽象得来的，它不是一个直观概念。

我们所讨论的这些学科，数学、物理，包括稍后会提及的化学，都是通过观察外物，在理解和解释的过程中建立了一套概念体系，这套体系就是描述世界、改变世界的工具。

牛 弟　没错，是理解世界的工具，也是生产力工具。

羊 爸　那么我现在想问大家一个问题，物理和化学在研究外物的时候有什么不同？如果说物理的本质是研究力的作用，那么化学的本质是什么？

羊 姐　这个问题比较专业，我得想一想。

羊 爸　随着现代物理学的发展，任何物体都可以分解到原子层面，原子内部的结构也在进一步探索中，原子的类型一共就是元素周期表里的一百多种。你们觉得原子首先是一个物理概念，还是化学概念？

牛 弟　应该是物理概念，物理是研究它的共性，化学是研究不同的个性。

羊 爸　对，比如木头和金属的个性不一样，而对于物理来说它们都是固态。所以从这个层面讲，可以说是先有物理后有化学，化学是更进一步，从另一个角度来解释万物。

牛 弟　是的，说到底，没有物理的基础，化学也只是空中楼阁。

羊 姐　化学比较死，要记住谁和谁在一起发生反应，产生什么物质。

羊 爸　原子同原子的结合是有规律的，两个氢原子和一个氧原子结合在一起就成了一个水分子。"原子"的本义就是不可再分割之物，自然界的力量基本上无法再对原子进行分割，除非核聚变和核裂变。这也是为什么动物死在了一棵树下，这棵树就长得很茂盛，因为尸体分解到了原子分子层面，化学元素作为营养物质被树吸收了。从原子层面出发，化学已经能够解释自然界的几乎一切事物了。

牛 弟　我觉得化学还有一个特性，就是它的推动主要靠实验，化学离不开实验。

羊 姐　我在大学学习的时候就待过实验室。

牛 弟　物理当然也需要实验，但是物理还分理论物理和实验物理，前者对实验的依赖性就不那么高，而且走在学科的前沿。

羊 爸　就是说物理更需要理论的抽象思考，而化学更注重实验。

牛 弟　化学通过实验，可以创造出一些自然界本身没有的物质，或者只能在特定条件下产生的物质，比如人工胰岛素。

羊 姐　对，化学研发就是根据相关成分进行拼凑，通过不断的实验最终创造出新物质。

牛 弟　像中国的炼丹术发明了火药，导致了枪炮的发明；欧洲的炼金术误打误撞从人的尿液里提炼出了白磷，导致了火柴的发明。所以说炼丹和炼金是化学的鼻祖，化学又是食品和生物的基础。

羊 爸　刚才我们从哲学的层面推导物理学的起源和发展，这是个很有意思的过程，而我们可能也就只能讲到这里了。进一步去细分力学、电磁学、光学等内容，已经超出了对话所要涉及的范围了。当然，我们所谈论的，都是大学之前基础教育阶段的物理学。我们分享了各自的学习经验，也从哲学角度谈论了物理学的起源，相信能为孩子们如何学习物理这门学科提供一些有益的指导。谢谢三位，你们辛苦了。

羊 姐　不用谢。我是第一次参加对话，这样的对话有点意思。

牛 弟　这样的对话不但很有意义，而且让我很快乐。

兔 妈　我是所有对话的全程参与者，终于和羊爸一起顺利完成了对话计划。

羊 爸　特别感谢兔妈，终于完成了漫谈教育系列对话。

图书在版编目(CIP)数据

育儿新经：羊爸兔妈对话录 / 朱有松，陈矍著.
上海 ：学林出版社，2024. -- ISBN 978 - 7 - 5486 - 2044 - 0

Ⅰ. G78

中国国家版本馆 CIP 数据核字第 2024A12W97 号

责任编辑　王　慧
装帧设计　赵释然

育儿新经
——羊爸兔妈对话录

朱有松　陈　矍 著

出　　版　学林出版社
　　　　　（201101　上海市闵行区号景路 159 弄 C 座）
发　　行　上海人民出版社发行中心
　　　　　（201101　上海市闵行区号景路 159 弄 C 座）
印　　刷　上海商务联西印刷有限公司
开　　本　890×1240　1/32
印　　张　7.5
字　　数　15 万
版　　次　2025 年 1 月第 1 版
印　　次　2025 年 1 月第 1 次印刷
ISBN 978 - 7 - 5486 - 2044 - 0/G·787
定　　价　68.00 元

（如发生印刷、装订质量问题，读者可向工厂调换）